Die **Kuba** Küche

ALEX GARCIA

Die Kuba Küche

UMSCHAU

Impressum

Übersetzung
Betina Berriel Díaz, Köln

Lektorat
Laura Willenbücher

Satz
primustype Hurler GmbH, Notzingen

Printed in China

ISBN 3-86528-217-2

Titel der Originalausgabe: *In a Cuban Kitchen*

Koautorin: Rebeka Four
Projektherausgeber: Ruth Patrick, Corinne Masciocchi
Herausgeber: Erin Connell
Gestaltung: Simon Daley
Fotograf: Juliet Piddingston
Food-Stylist: Kathryn Hawkins
Herstellungsleitung: Richard Dewing
Verleger: Oliver Salzmann

Hinweise
Soweit nicht anders angegeben, werden in den Rezepten mittelgroße Eier verwendet. Einige Gerichte enthalten rohe oder nur leicht gegarte Eier. Schwangere, stillende Frauen, Kranke, Babys und kleine Kinder sowie ältere Menschen sollten diese Gerichte meiden. Einmal zubereitet sollten sie gekühlt aufbewahrt und rasch verzehrt werden.

Einige Gerichte enthalten Nüsse, Mandeln oder Ähnliches. Menschen, die überempfindlich oder allergisch auf Nüsse reagieren, oder solche, die Gefahr laufen, eine Allergie zu entwickeln, wie ältere Menschen, Babys, Kinder, Schwangere und stillende Frauen, sollten auf Nüsse und Nussöle verzichten. Außerdem empfehlen wir, die Packungsangaben von vorgefertigten Zutaten sorgfältig zu lesen, weil hier möglicherweise Nüsse, Mandeln oder Ähnliches enthalten sein können.

Backöfen sollten auf die angegebene Temperatur vorgeheizt werden. Bei Heißluftöfen bitte die Herstellerangaben zur Anpassung der Temperatur berücksichtigen.

Die Ratschläge in diesem Buch sind von den Autoren und dem Verlag sorgfältig erwogen und geprüft, dennoch kann eine Garantie nicht übernommen werden. Eine Haftung der Autoren und des Verlages für Personen-, Sach- und Vermögensschäden ist ausgeschlossen.

Inhalt

Einleitung

Die Jahre, die ich in Küchen verbracht habe – in der meiner Großmutter, meiner Eltern, meiner Tante bis hin zu meiner eigenen – scheinen alle auf diesen Augenblick hingeführt zu haben, in dem ich die wahre Liebe und Leidenschaft meines Lebens mit anderen teilen kann – die einfache kubanische Küche meiner Kindheitsjahre. Sie ist die Inspiration für all das, was ich heute als Chefkoch bin, und – was am wichtigsten ist – durch sie weiß ich die grenzenlosen Freuden zu schätzen, die ein einfaches, selbst gemachtes Mahl Gaumen, Sinnen und Seele bietet.

Ich wuchs auf Kuba auf, umgeben von den Aromen, Farben und Stoffen des Besten, was Mutter Natur zu bieten hat. Kuba, die liebevoll „Perle der Karibik“ genannte Insel, bezaubert durch ihre Schönheit und ihre Fülle Besucher und Einheimische gleichermaßen, insbesondere durch ihre warmherzigen und gastfreundlichen Menschen. In der Küche meiner Großmutter und später im „Heiligtum“ meiner Mutter (wie sie ihre Küche nannte) erwachten meine Sinne, als ich in meiner Kindheit mit

Alex Garcia im Alter von sieben Jahren

der wunderbaren Tradition der kubanischen Kochkunst vertraut wurde. Denn genau an diesem Ort – dem Herzen des kubanischen Zuhauses – werden Traditionen und Rezepte von Generation zu Generation weitergegeben. In der kubanischen Küche geht es nie einfach nur darum, Essen zuzubereiten – aufgrund unserer Kultur und unserer Geschichte ist damit etwas viel Ursprünglicheres verbunden. Die Wärme und Behaglichkeit, die unsere Speisen verbreiten, lässt Gäste schnell ihre Zurückhaltung ablegen und ermuntert sie, sich den heiteren Feiern, die das Leben mit sich bringt und die man am besten im Kreis der Familie und mit Freunden begeht, anzuschließen.

Dort, am Küchentisch meiner Großmutter, erfuhr ich von den Geburten und Trennungen in der Nachbarschaft und bekam mit, wer ein Rendezvous mit Teresita hatte, die zwei Stockwerke tiefer wohnte! Wir alle hörten gespannt zu, wenn Mütter und Tanten uns erzählten, dass das Geheimnis der besten *potaje* (eine cremige Bohnensuppe) des Häuserblocks darin besteht, die Bohnen über Nacht einzuweichen, oder dass man das saftigste Steak, das man sich nur wünschen kann, erhält, wenn *el bistec de palomilla* (Rumpsteak) geklopft und drei bis vier Stunden vor dem Braten mariniert wird.

Kochen ist bei uns nicht an vorgeschriebene Kochzeiten, genaue Temperaturen oder die strikte Einhaltung von Zutaten- und Mengenangaben gebunden. Vielmehr ist es eine chaotisch präzise Entfaltung dessen, was ich „künstlerische Intuition“ nennen würde. Einige wenige Schlüsselzutaten sind für bestimmte Gerichte unentbehrlich, aber abgesehen von diesen Ausnahmen ist alles andere höchst flexibel. Beispielsweise würde man niemals Koriander durch Culantro ersetzen, ein Spritzer *salsa de tomate Cubana* oder ein kraftvoller *sofrito* machen aber so gut wie jedes Gericht schmackhafter. Und jeder Kubaner weiß, dass im Zweifelsfalle eine Prise Kreuzkümmel und ein Zweigchen Oregano das Aroma eines jeden Gerichts zur Entfaltung bringen.

Wir kubanischen Köche halten uns nicht gerne wortwörtlich an Rezepte. Stattdessen ziehen wir es vor, uns von den Zutaten selbst leiten zu lassen, wenn der Geschmack der einzelnen Nahrungsmittel voll zur Geltung kommen soll. Aus diesem Grund stellte es für mich eine echte Schwierigkeit dar, die Rezepte für dieses Buch mit den genauen Mengenangaben und Anweisungen zusammenzustellen. Und deshalb möchte ich jeden von Ihnen dazu ermutigen, diese Rezepte häufig auszuprobieren und mit jedem neuen Versuch darauf hinzuarbeiten, sie zu etwas ganz Eigenem zu machen. Ergründen Sie jedes Gericht. Je vertrauter Sie mit den Speisen werden, desto mehr Gespür entwickeln Sie für die beabsichtigten Geschmäcke, die Beschaffenheit und die Aromen und desto sicherer werden Sie sich bald fühlen, die Gerichte lediglich mit einer Zutatenliste und einer Vorstellung von dem von Ihnen gewünschten Ergebnis zuzubereiten.

Die kubanische Küche entwickelte sich aus der wechselhaften Geschichte der Insel. Historiker gehen davon aus, dass die ersten Bewohner aus Südamerika stammten und die Küsten Kubas vermutlich um 3500 v. Chr. erreichten. Die Guanahatabey, die sich im Westen ansiedelten, und die Siboney, die den Großteil der restlichen Insel besetzten, waren Fischer, Jäger und Sammler. Die Taino, die aus dem Osten kamen und zu den Arawak-Indianern gehörten, führten die Landwirtschaft und damit den Anbau von *boniatos, yuca,* Bataten, Mais, Kürbissen, Erdnüssen, Paprika, Avocados und Tabak ein.

Am 27. Oktober 1492 sichtete Cristóbal Colón eine große Landmasse, die später unter dem Namen Kuba bekannt werden würde. Er beschrieb sie als „das schönste Land, das menschliche Augen je erblickten“. Während der folgenden 410 Jahre stand Kuba unter der Herrschaft vieler verschiedener

Nationen. Es wurde 1762 durch die Briten erobert und fiel 1763 als Tausch gegen Florida an Spanien zurück. Von 1898 bis 1902 stand es unter der Herrschaft der USA, 1902 erreichte Kuba dann endlich die Unabhängigkeit.

Die Spanier entdeckten auf Kuba viele neue Zutaten der indigenen Bevölkerung. Diese Nahrungsmittel exportierten sie bald in ihre Heimat und trugen so stark zu dem gerade entstehenden Austausch von Lebensmitteln aus aller Welt bei. Gleichzeitig führten die Spanier ihre eigenen Nahrungsmittel auf Kuba ein, die dort bald Eingang in die Küchen fanden.

Im Jahre 1791 begannen haitianische Sklaven einen Befreiungskampf, vor dem die französischen Sklavenhalter nach Kuba flüchteten. Mit sich brachten sie ihre Kochtraditionen, die zur Vielfalt der einheimischen Küche beitrugen. Dennoch waren es die von den Spaniern nach Kuba gebrachten afrikanischen Sklaven, die den einflussreichsten und nachhaltigsten Beitrag zur kubanischen Kultur und Kochkunst leisteten. Sie erfüllten die kubanische Lebensweise mit Tiefe und wunderbaren Traditionen. Sie entwickelten auch den kubanischen Eintopf. Da sie gezwungen waren, den ganzen Tag über auf dem Feld zu arbeiten, ließen sie ihr Essen währenddessen zu Hause über einem Feuer langsam vor sich hin köcheln. Oftmals war dieser Eintopf für die Sklaven das einzige Mahl am ganzen Tag, es musste also herzhaft und kräftig sein. Die Kubaner übernahmen diese Kochweise rasch und Eintöpfe – der *ajiaco* ist zweifellos der populärste – wurden zu einem Hauptbestandteil ihrer Küche.

Die heutige kubanische Küche ist eine Verschmelzung afrikanischer, spanischer, europäischer und arawakischer Einflüsse. Sie ist ein farbenfroher und charakteristischer Ausdruck des Lebens auf der Insel. Hier wurden erschöpfte Reisende aus fernen Ländern seit jeher freundlich aufgenommen. Gastfreundlichkeit ist für die Kubaner einer ihrer wichtigsten Werte. So haben all die unterschiedlichen Kulturen, die Teil der Bevölkerung wurden, nachhaltig zur kubanischen Kochkunst beigetragen und der Küche ihre Besonderheit verliehen.

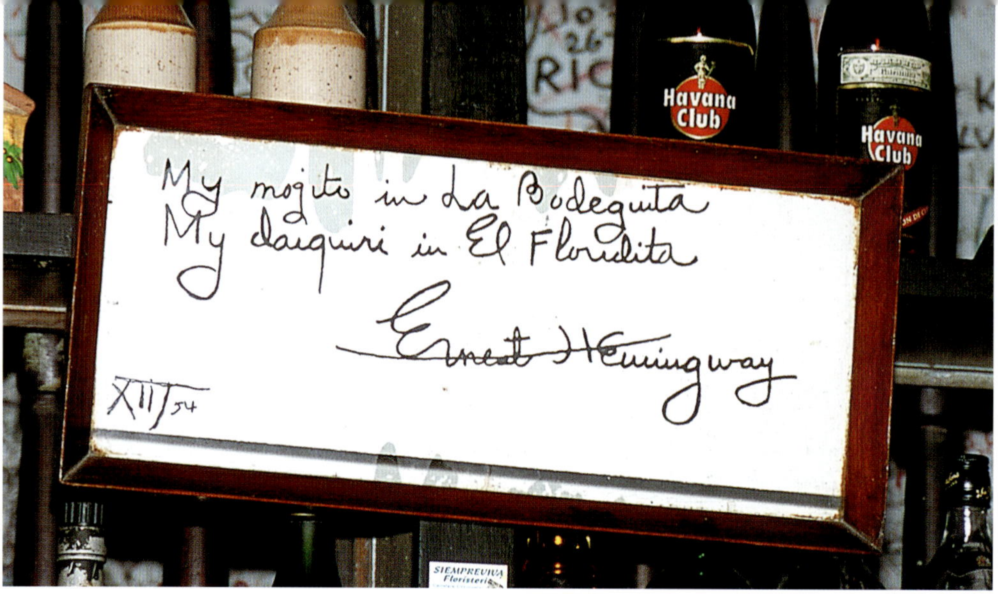

Eine der prominentesten Persönlichkeiten, die von der kubanischen Gastfreundlichkeit profitierten, war Ernest Hemingway. Der Schriftsteller, der als einer der berühmtesten „Adoptivsöhne" Kubas angesehen wird, verliebte sich in die Insel, ihre Menschen und ihre Kultur und machte sie für zwanzig Jahre zu seiner Heimat. In diese Zeit fällt auch die Entstehung eines seiner bekanntesten Werke, *Der alte Mann und das Meer*.

Hemingway machte das kleine, urige Restaurant La Bodeguita del Medio international bekannt. Hier wurde der Mojito, der heute auf der ganzen Welt serviert wird, zum Lieblingselixier des Schriftstellers. Gerüchten zufolge genoss er seinen Mojito mit ein klein bisschen mehr Rum, als das Rezept vorsieht. Seine Lieblingsbar in Havanna, die nach wie vor Massen von Besuchern anzieht, ist der Entstehungsort des Daiquiri, ein Drink, von dem behauptet wird, er sei speziell für Hemingway zusammengebraut worden. Eine Variante des Drinks wurde denn auch nach ihm benannt (*siehe* Seite 173).

Der Schlüssel zur kubanischen Küche liegt in den Zutaten. Unsere Gerichte sind einfache Bauernkost und unsere Starköche sind hingebungsvolle Mütter, Großmütter, Tanten und Väter, die beim Kochen einfach nur die sie umgebende verlockende, reiche Fülle nutzen.

Kubas Provinzen unterscheiden sich geografisch und in der Beschaffenheit ihrer Böden sehr stark. Die Provinz Pinar del Río, gelegen im westlichsten Teil der Insel, ist der Ort, an dem unsere Tabakpflanzen gedeihen. Südlich davon, in Isla de Pinos, blühen Zitrusgewächse. Auf dem Ackerland Havannas werden Knollengewächse und Gemüse angebaut. Las Villas, das Zentrum der Insel, bietet Obst im Überfluss. Weiter östlich liegen die Provinzen Camaguey, wo Kubas Viehherden auf offenem, grünem Weideland grasen, und Oriente, wo Kaffee und Zuckerrohr gedeihen. Zu jeder Jahreszeit findet eine andere Ernte statt. Obstbäume beginnen während der Wintermonate zu blühen. Auch die Ernte des Zuckerrohrs, die Zafra, fällt in diese Zeit. Die Obstbäume stehen im Frühling und frühen Sommer von März bis Juni in voller Blüte. Der August bringt Avocados. Knollen, wie *boniato, yuca und malanga*, gibt es während des gesamten Jahres im Überfluss.

Die Revolution brachte ein Verbot von Privateigentum jeglicher Art mit sich, den Besitz von Ländereien eingeschlossen. Die Regierung organisierte Landwirtschaftskooperativen und baut auf Flächen von tausenden Morgen jeweils nur eine bestimmte Feldfrucht an. Der

Effekt endlos weiter Gebiete, mit Pflanzen wie Guaven bedeckt, die die Luft mit ihrem Duft erfüllen, oder mit Zitrusfrüchten, die die Felder golden strahlen lassen, hypnotisiert und fesselt die Sinne.

Während meiner Kindheit auf Kuba arbeitete mein Vater als Ingenieur beim Nationalen Institut für Agrarreformen. Er und sein Expertenteam besuchten landwirtschaftliche Betriebe, um die jeweils angebrachte Bewässerungsmethode zu bestimmen. Das ganze Jahr hindurch erwartete ich ungeduldig das Ende der Schulzeit; nicht weil ich die Schule nicht mochte, sondern weil die Anwesenheitspflicht den Abenteuern und Reisen mit meinem Vater und seinen Kollegen im Wege stand. In den Ferien reisten wir durch die entlegensten Landschaften und Anbaugebiete Kubas. Den ganzen Tag lang naschten wir Obst und Gemüse direkt von den Bäumen und Sträuchern oder aus der Erde. Und trotz der Warnungen meines Vaters schaffte ich es immer wieder, zu viel zu essen und Magenschmerzen zu bekommen.

Ich glaube, dass jeder Kubaner, der die Insel verlässt und einen anderen Ort als sein Zuhause wählt, sich insgeheim danach sehnt, nach Hause zurückzukehren. Diese Sehnsucht ist der Grund, warum ich speziell die in diesem Buch

aufgeführten Rezepte ausgewählt habe. Wo auch immer auf der Welt ich eines dieser Gerichte zubereite, gelingt es mir, mich in meine Kindheit auf Kuba zurückzuversetzen.

Im Kuba, das ich verließ, trugen alle in der Nachbarschaft zu einem Mahl bei. In jedem Hinterhof wuchsen Bäume, selbst angebautes Gemüse und Kräuter. Es gab eine unausgesprochene Vereinbarung, dass das, was die Felder und Gärten des Nachbarn hervorbrachten, gemeinschaftliches Eigentum war. Aus der Not heraus musste man gemeinsam zu den Mahlzeiten beitragen. Das Borgen und Tauschen machte oft das Besondere der Gerichte aus. Diese Zusammenarbeit führte auch zur Entstehung der *paladares*, die es auf Kuba überall gibt. Ein *paladar* ist einfach das Zuhause einer Person, in das jeder kommen kann und eine köstliche, hausgemachte Mahlzeit bekommt. Es spricht sich herum, in welchen Häusern *paladares* zu finden sind. Sobald man hineinkommt, nimmt man sich in der Küche von dem, was auf dem Herd steht und setzt sich dann ins Esszimmer. Beim Hinausgehen zahlt man dem Koch ein symbolisches Trinkgeld für sein Essen, das mit Sicherheit ein unvergesslicher Genuss war.

Überall auf der Welt hält eine kubanische Küche stets für mehr Menschen eine Mahlzeit bereit, als lediglich für diejenigen, die eigentlich in diesem Haus wohnen. Jeder kubanische Koch, den Sie treffen, wird Ihnen sagen, dass die erste, die zweite und die dritte Regel der kubanischen Küche „donde come uno comen dos y donde comen dos comen todos" lauten, was soviel heißt wie „wo einer isst, da essen auch zwei und wo zwei essen, essen alle".

Es ist mein aufrichtiger Wunsch, dass die Rezepte, die ich hier mit Ihnen teile, Ihr Gespür für die Beschaffenheit, den Geschmack und das Aroma jeder einzelnen Zutat weckt. Verführen Sie Ihren Gaumen und entdecken Sie die wunderbare, reiche Fülle, die uns die Natur schenkt.

¡Buen apetito!

Glossar

Ancho Chili heißt der getrocknete Chili Poblano. Die aromatische, leicht fruchtige Ancho ist die süßeste unter den getrockneten Chilis.

Bananenblätter werden verwendet, um Speisen zum Dünsten einzuwickeln.

Boniato eine kubanische Süßkartoffel deren Fleisch nicht wie das anderer Sorten gelblich bis orange ist, sondern eher weiß ist. Die Form ist unregelmäßig und die Farbe der Schale rötlich bis cremefarben. Der Boniato ist nicht so süß und weniger saftig als andere Süßkartoffelsorten.

Bonito Thunfisch ein kleiner Thunfisch, der nur selten mehr als 55 Kilogramm wiegt. Er weist einen mittleren bis hohen Fettgehalt auf und ist der aromatischste Thunfisch.

Canilla Reis weißer Langkornreis.

Chayote eine Frucht mit Größe und Form einer sehr großen Birne. Die Chayote hat einen weichen Kern, ihr Fruchtfleisch ist weiß und eher mild im Geschmack. Sie ist vor allem während der Wintermonate gut zu erhalten.

Chorizo eine stark gewürzte, grobe Wurst aus Schweinefleisch, die mit Knoblauch, Chilipulver und anderen Gewürzen hergestellt wird. Die Pelle sollte entfernt und die Wurst vor dem Kochen zerbröckelt werden.

Crème de Cacao und Dunkle Crème de Cacao ein dunkler bzw. sehr dunkler Likör mit Schokoladengeschmack und einer Spur Vanille.

Cubanelle-Chili auch unter dem Namen Cubanelle-Pepper zu finden, ist groß und eher grob geformt. Sie ist zunächst hellgrün und reift rot heran. Wegen ihrer dünnen Haut eignet diese Chilischote sich hervorragend zum Frittieren. Sie ist nicht scharf.

Culantro ein aromatisches Kraut, das in der karibischen Küche Verwendung findet. Es ist ein geschmackvollerer Ersatz für Koriander (cilantro), jedoch nicht damit zu verwechseln.

Guavenpaste oder kandiertes Guayabapüree ein in ganz Lateinamerika beliebtes Dessert. Die Paste oder das Püree wird aus Guayabas bzw. Guaven gemacht. Dies sind tropische Früchte mit mild-süßem rosafarbenem Fruchtfleisch und einer je nach Reifegrad grünen bis gelben Schale.

Havana Club Rum ein kubanischer Rum. Drei Jahre lang gelagert hat er eine silbrig-weiße Farbe, nach fünf

Jahren ist er golden-dunkel. Der Añejo wird sieben Jahre lang gelagert.

Malanga ist nah verwandt mit der Tarowurzel. In Form und Größe ähnelt sie einer weißen Kartoffel, ihre Haut ist braun und etwas haarig.

Malbec eine französische, aromatische rote Weintraube, die besonders in Bordeaux angebaut wird.

Maraschino Likör ein bitter-süßer italienischer Likör mit Kirscharoma, der aus den Marasca- oder Maraschino-Kirschen und deren zerstoßenen Steinen gewonnen wird.

Piquillo-Paprikaschoten sind ursprünglich ungarische feuergeröstete rote Paprika aus Spanien. Sie werden auch in Dosen eingelegt angeboten.

Kochbanane eine in lateinamerikanischen Ländern beliebte, große und feste Bananenart, die dort in der Küche eine ähnliche Rolle spielt wie bei uns die Kartoffel. Der Geschmack ist mild und fast kürbisähnlich.

Roter Curaçao ein Likör mit Orangengeschmack, der aus den getrockneten Schalen der Bitterorangen hergestellt wird.

Ruby Port Für diesen Portwein werden Weine verschiedener Jahrgänge verschnitten. Er wird zudem nur drei Jahre gelagert wird. Es ist der hellste und fruchtigste Portwein.

Klippfisch auch Stockfisch genannt: gesalzener und getrockneter Kabeljau.

Serrano Schinken ein spanischer Schinken, der dem italienischen Parmaschinken ähnelt.

Tardio Wein ein süßer Wein, der aus Torrontes-Trauben gemacht wird, die in Argentinien erst gegen Ende der Weinlesezeit gepflückt werden. Das Aroma ist blumig und der Geschmack erinnert an Honig, Grapefruit, Aprikose und Pfirsich.

Tocino Rückenspeck vom Schwein ohne Schwarte, der frisch ungeräuchert und ungesalzen angeboten wird.

Triple Sec ein starker, klarer Likör mit Orangengeschmack, der dem Curaçao sehr ähnelt.

Yerba buena ähnelt der Pfefferminze. Die Blätter haben einen milderen Geschmack und Duft als die der verwandten Pfefferminze.

Yuca Bei uns auch Yucca geschrieben und auch Cassave oder Maniok genannt, ist eine Wurzel die 15 bis 30 cm lang werden kann und unter einer zähen braunen Haut festes, weißes Fleisch verbirgt.
Es gibt zwei Hauptsorten: Süße und sauere Yuccas, wobei letztere im rohen Zustand giftig sind.

Tapas und Snacks

Dreierlei Kroketten

Es gibt keine kubanische Party ohne dieses Gericht, das einen wahren Favorit der Kubaner darstellt. Dieses Rezept stammt aus dem handgeschriebenen Rezeptbuch meiner Großmutter. Bei ihr bildet es die Grundlage für viele Variationen, weil man niemals nur Kroketten einer Geschmacksrichtung servieren kann. (Ich persönlich ziehe es vor, bei der Fischversion keine Muskatnuss zu verwenden.) Im Gegensatz zu mir beherrscht meine Großmutter es, den Kroketten die traditionelle „Fingerform" zu geben - ich forme meine einfach nur zu kleinen Bällchen.

Croquetas de jamón

SCHINKEN-KROKETTEN

6 - 8 Portionen • Zubereitungszeit: 20 Minuten

Olivenöl zum Braten
1,3 kg Räucherschinken, gehackt
1 mittelgroße weiße Zwiebel, gehackt
2 mittelgroße rote Paprikas, gehackt
2 Knoblauchzehen, in Scheiben geschnitten
2 EL Tomatenmark
¼ Bund frische Petersilie, gehackt
½ TL frisch geriebene Muskatnuss
125 ml Crème double
125 g Mehl
Salz, frisch gemahlener Pfeffer zum Abschmecken
2 Eier, leicht verquirlt
150 g Paniermehl
Canola-Öl (Rapsöl) zum Ausbacken

1 Das Öl in einer großen Pfanne erhitzen, Schinken, Zwiebeln, Paprika und Knoblauch zugeben und etwa 8 Minuten anbraten. Das Tomatenmark unterrühren und kochen bis es karamellisiert. Petersilie, Muskatnuss und Crème double dazugeben. Mit der Hälfte des Mehls bestreuen und mit Salz und Pfeffer abschmecken. Die Mischung eine Weile bis auf Raumtemperatur abkühlen lassen.

2 Die Mischung durch einen Fleischwolf (eine nicht zu feine Lochscheibe wählen) drehen. Die Mischung zu fingerförmigen Stäbchen oder kleinen Bällchen formen.

3 Die Kroketten im übrigen Mehl, dann in den Eiern und zuletzt in Paniermehl wenden.

4 Pfanne 2,5 cm hoch mit Canola-Öl füllen und auf 190 °C (mit dem Fett-Thermometer messen) erhitzen. Die Kroketten darin frittieren, bis sie goldbraun sind.

Mitte: Meeresfrüchte-Kroketten;
Unten: Schinkenkroketten

Croquetas de pollo

HÜNCHEN-KROKETTEN

6 - 8 Portionen • Zubereitungszeit: 25 Minuten

Olivenöl zum Braten
1,3 kg Hähnchenbrust- und Schenkel (ohne Knochen)
1 mittelgroße weiße Zwiebel, gehackt
2 mittelgroße rote Paprikas, gehackt
2 Knoblauchzehen, in Scheiben geschnitten
2 EL Tomatenmark
¼ Bund frische Petersilie, gehackt
½ TL frisch geriebene Muskatnuss
125 ml Crème double
125 g Mehl
Salz und frisch gemahlener schwarzer Pfeffer zum Abschmecken
2 Eier, leicht verquirlt
150 g Paniermehl
Canola-Öl (Rapsöl) zum Ausbacken

1 Das Öl in einer großen Pfanne erhitzen. Hühnchen, Zwiebeln, Paprika und Knoblauch zugeben und etwa 8 Minuten anbraten bzw. bis das Fleisch gar ist. Das Tomatenmark unterrühren und kochen, bis es karamellisiert. Petersilie, Muskatnuss und Schlagsahne dazugeben. Mit der Hälfte des Mehls bestreuen und mit Salz und Pfeffer abschmecken. Die Mischung eine Weile bis auf Raumtemperatur abkühlen lassen.

2 Die Mischung durch den Fleischwolf drehen (eine nicht zu feine Lochscheibe wählen) und zu fingerförmigen Stäbchen oder kleinen Bällchen formen.

3 Die Kroketten im übrigen Mehl, dann in den Eiern und zuletzt in Paniermehl wenden.

4 Pfanne 2,5 cm hoch mit Canola-Öl füllen und auf 190 °C (mit dem Fett-Thermometer messen) erhitzen. Die Kroketten darin frittieren, bis sie goldbraun sind.

Croquetas de mariscos

MEERESFRÜCHTE-KROKETTEN

6 - 8 Portionen • Zubereitungszeit: 20 Minuten

Olivenöl zum Braten
450 g weißes Fischfilet, gehackt
450 g Garnelen, gesäubert, aus der Schale gelöst und ausgenommen
450 g Krabbenfleisch
1 mittelgroße weiße Zwiebel, gehackt
2 mittelgroße rote Paprika, gehackt
2 Knoblauchzehen, in Scheiben geschnitten
2 EL Tomatenmark
¼ Bund frische Petersilie, gehackt
½ TL frisch geriebene Muskatnuss
125 ml Crème double
125 g Mehl
Salz, frisch gemahlener schwarzer Pfeffer zum Abschmecken
2 Eier, leicht verquirlt
150 g Paniermehl
Canola-Öl (Rapsöl) zum Ausbacken

1 Das Olivenöl in einer großen Pfanne erhitzen. Fisch, Garnelen, Krabbenfleisch, Zwiebeln, Paprika und Knoblauch zugeben und etwa 8 Minuten anbraten bzw. bis der Fisch gar ist. Das Tomatemark unterrühren und kochen, bis es karamellisiert. Petersilie, Muskatnuss und Schlagsahne dazugeben. Mit der Hälfte des Mehls bestreuen und mit Salz und Pfeffer abschmecken. Die Mischung eine Weile bis auf Raumtemperatur abkühlen lassen.

2 Die Mischung durch den Fleischwolf drehen (eine nicht zu feine Lochscheibe wählen) und zu Stäbchen oder kleinen Bällchen formen.

3 Die Kroketten im übrigen Mehl, dann in den Eiern und zuletzt in Paniermehl wenden.

4 Pfanne 2,5 cm hoch mit Canola-Öl füllen und auf 190 °C erhitzen. Die Kroketten darin goldbraun frittieren.

Tostones con Picadillo de Cayo Hueso

FRITTIERTE KOCHBANANEN MIT PICADILLO

6 - 8 Portionen • Zubereitungszeit 1 Stunde

450 g Rinderhackfleisch bester Qualität
1 TL getrockneter Oregano
1 TL gemahlener Kreuzkümmel
50 ml Olivenöl
2 Knoblauchzehen, fein gehackt
1 mittelgroße weiße Zwiebel, fein gehackt
1 kleine grüne Paprika, fein gehackt
125 ml trockener Weißwein
225 ml Tomatensauce
Salz und frisch gemahlener schwarzer Pfeffer zum Abschmecken
Pflanzenöl zum Braten
4 große grüne Kochbananen, geschält und in 4 cm lange, diagonale Scheiben geschnitten
1 mittelgroße gehackte Tomate zum Garnieren

1 Hackfleisch, Oregano und Kreuzkümmel in eine Schüssel geben und gut vermischen.

2 Öl in einer Pfanne erhitzen. Knoblauch, Zwiebel und Paprika darin weich dünsten. Das gewürzte Fleisch, Wein und Tomatensauce dazugeben. Die Pfanne abdecken und 15 Minuten auf kleiner bis mittlerer Flamme kochen. Den Deckel abnehmen und weitere 15 Minuten offen kochen, bis die Flüssigkeit ganz eingekocht ist. Achten Sie darauf, dass das Fleisch saftig bleibt. Mit Salz und Pfeffer abschmecken und beiseite stellen.

3 Eine Pfanne 2,5 cm hoch mit Öl füllen und auf 190 °C (verwenden Sie zur Kontrolle ein Frittierthermometer) erhitzen. Kochbananen etwa 8 Minuten frittieren und mehrmals wenden, bis sie ganz weich sind. Das Öl beiseite stellen und die Kochbananen in eine Schale geben. Ein Handtuch darüber legen und mit den Händen flachdrücken, so dass die Kochbananen zu sehr dünnen Scheiben werden.

4 Das Öl nochmals auf eine sehr hohe Temperatur erhitzen. Die flach gepressten Kochbananen erneut frittieren, bis sie auf beiden Seiten knusprig sind. Das Hackfleisch in kleinen Schalen füllen und mit der gehackten Tomate garnieren. Die Kochbananen-Tostones dazu servieren und als „Löffel“ für das Fleisch verwenden.

Mariquitas

FRITTIERTE KOCHBANANEN

4 Portionen • Zubereitungszeit: 10 Minuten

Pflanzenöl zum Braten
4 grüne Kochbananen, geschält und längs in dünne Scheiben geschnitten
Salz zum Abschmecken

Eine Pfanne 2,5 cm hoch mit Öl füllen und auf 190 °C (verwenden Sie zur Kontrolle ein Fett-Thermometer) erhitzen. Kochbananen frittieren, bis sie knusprig sind, und anschließend zum Abtropfen auf Küchenpapier legen. Mit Salz abschmecken und sofort servieren.

Bocaditos de bonito

THUNFISCH-HÄPPCHEN

4 Portionen • Vorbereitungszeit: 10 Minuten

175 g in Öl eingelegter Thunfisch aus der Dose
1 kleine rote Zwiebel, sehr fein gehackt
1 Stange Sellerie, sehr fein gehackt
1 mittelgroße eingelegte rote Paprika, sehr fein gehackt
1 EL Mayonnaise
Salz und frisch gemahlener schwarzer Pfeffer zum Abschmecken
12 Scheiben Weißbrot
1 Gurke, längs in dünne Scheiben geschnitten
Sellerieblätter zum Garnieren

1 Thunfisch abtropfen und in eine Schüssel geben. Zwiebel, Sellerie, Paprika und Mayonnaise dazugeben und gut vermengen. Mit Salz und Pfeffer abschmecken.

2 6 Scheiben Weißbrot auf eine ebene Oberfläche legen. Auf jede Brotscheibe 6 Scheiben Gurke nebeneinander, jedoch nicht über die Kruste, legen. Die Thunfisch-Mischung gleichmäßig auf der Gurkenschicht verteilen. Darauf weitere 6 Gurkenscheiben legen.

3 Die übrigen Toastscheiben auf die Sandwichs legen und die Kruste entlang der Gurkenscheiben abschneiden. Jedes Sandwich diagonal in 4 Stücke schneiden. Mit Sellerieblättern garnieren.

Enchilado de cazón

HAIFISCH NACH KREOLISCHER ART

4 Portionen • Zubereitungszeit: 30 Minuten

125 ml Olivenöl
1 große weiße Zwiebel, in feine Streifen geschnitten
2 mittelgroße Cubanelle-Chilischoten, in feine Streifen geschnitten
2 mittelgroße eingelegte rote Paprika, in feine Streifen geschnitten
2 Knoblauchzehen, gehackt
1 Lorbeerblatt
125 ml trockener Weißwein
1 TL weißer Essig
3 EL Tomatenmark
900 g Haifisch-Filets (möglichst vom Hundshai), gewürfelt
Salz und frisch gemahlener schwarzer Pfeffer zum Abschmecken
1 TL scharfe rote Chilisauce
¼ Bund Petersilie, ohne Stängel, gehackt
¼ Bund Koriander, ohne Stängel, gehackt

1 Das Öl in einer mittelgroßen Pfanne erhitzen. Zwiebel, Cubanelle-Chilischoten, Paprika und Knoblauch darin etwa 5 Minuten anbraten, bis sie weich sind.

2 Lorbeerblatt, Wein und Essig dazugeben und aufkochen. Tomatenmark unterrühren. Cazón dazugeben und etwa 10 Minuten bedeckt kochen. Mit Salz und Pfeffer abschmecken.

Frituras de maíz

FRITTIERTE MAISHAPPEN

4 Portionen • Zubereitungszeit: 15 Minuten

350 g Mais
2 EL Mehl
½ TL Salz
3 mittelgroße Eier
1 TL weiche Butter
100 g Zucker (nach Belieben)
Pflanzenöl zum Ausbacken
Petersilie zum Garnieren

1 Mais in einer Küchenmaschine oder einem Mixer pürieren. In eine Schüssel geben und Mehl und Salz dazugeben.

2 Eier einzeln unterrühren. Weiche Butter hinzufügen und vermengen bis alles verbunden ist. Für süße Maishappen, dann den Zucker zugeben.

3 Das Öl auf etwa 190 °C erhitzen (verwenden Sie zur Kontrolle ein Fett-Thermometer). Die Maishappen mit einem Löffel formen, in das Öl geben und frittieren, bis diese knusprig und braun sind. Mit Petersilie garnieren und heiß servieren.

Cocktail tropical

FRISCHE GARNELEN IN TROPISCHER COCKTAIL-SAUCE

6 Portionen • Zubereitungszeit: 10 Minuten

1 mittelgroße Tomate, halbiert
1 keine weiße Zwiebel, halbiert
1 l Wasser, gesalzen
1 Zitrone, halbiert
1 mittelgroße weiße Zwiebel, halbiert
500 g (etwa 40 bis 50) geschälte kleine Garnelen (Shrimps), längs in Hälften geschnitten
Eiswasser
125 ml Limettensaft
125 ml Orangensaft
125 ml Ketchup
1 bis 2 EL mexikanische scharfe Sauce mit Essig (wie Temecula, Valentina oder Bufalo)
2 EL Olivenöl
2 kleine, reife Avocados, geschält, entkernt und gewürfelt
2 mittelgroße Tomaten, fein gehackt
1 kleine rote Zwiebel, fein gehackt
⅓ Bund frischer Koriander, gehackt, zusätzlich einige Zweige zum Garnieren
Salz zum Abschmecken
Toast, Tortilla Chips oder gesalzene Kräcker zum Servieren

1 Halbierte Tomate und kleine, weiße Zwiebel rösten und beiseite stellen.

2 Gesalzenes Wasser, Zitronenhälften und mittelgroße, weiße Zwiebelhälften in einen großen Topf geben und zum Kochen bringen. Garnelen dazugeben und 3 Minuten kochen. Die Garnelen herausnehmen und in eine Schale mit Eiswasser geben.

3 Tomate und Zwiebel mit Limetten- und Orangensaft in einem Mixer pürieren. Die Mischung in eine Schüssel geben, Ketchup, scharfe Sauce und Olivenöl unterrühren. Garnelen, Avocados, Tomaten, rote Zwiebel und Koriander dazugeben. Mit Salz abschmecken und 1 Stunde kalt stellen.

4 Die Mischung mit einem Löffel in Eisbecher, Cocktailgläser oder Schälchen füllen. Mit Korianderzweigen garnieren und mit Toastbrot, Tortilla Chips oder gesalzenen Kräckern servieren.

Fritura de ostiones

FRITTIERTE AUSTERN NACH KUBANISCHER ART

4 Portionen • Zubereitungszeit: 5 Minuten

1 mittelgroßes Ei
4 EL Wasser
75 g Paniermehl
1 TL Paprikapulver
1 TL frisch gemahlener schwarzer Pfeffer
1 TL getrockneter Oregano
1 TL getrockneter Thymian
16 Austern, ausgelöst und gut abgetropft
Pflanzenöl zum Braten
Salsa de aguacate (*siehe* Seite 62) zum Servieren

1 Ei und Wasser in einer mittelgroßen Schüssel verquirlen.

2 Paniermehl, Paprikapulver, schwarzen Pfeffer, Oregano und Thymian in einem Mixer vermischen und zu mittlerer bis feiner Konsistenz verarbeiten. In eine Schale geben und beiseite stellen.

3 Die ausgelösten Austern einzeln zunächst in dem verquirlten Ei, dann in der gewürzten Paniermehlmischung wenden. Überschüssiges Paniermehl abschütteln.

4 Eine Pfanne 2,5 cm hoch mit Canola-Öl füllen und auf 190 °C erhitzen (verwenden Sie zur Kontrolle ein Fett-Termometer). Austern in das heiße Öl geben und etwa 1 Minute von allen Seiten goldbraun frittieren. Die Austern mit einem Schaumlöffel herausnehmen und zum Abtropfen auf Küchenpapier legen. Austern in die gesäuberten Schalenhälften füllen, Salsa de aguacate darauf geben und servieren.

Entremes de camarones

GARNELEN-TAPAS

4 Portionen • Zubereitungszeit: 20 Minuten

8 süße Kochbananen (gelb aber nicht überreif), geschält und jeweils in drei Stücke geschnitten
2 EL Olivenöl
1 kleine weiße Zwiebel, fein gewürfelt
1 kleine grüne Paprika, fein gewürfelt
700 g Garnelen, gesäubert, aus der Schale gelöst, entdarmt und gehackt
Salz und frisch gemahlener schwarzer Pfeffer zum Abschmecken
Pflanzenöl zum Braten

1 Kochbananen in einen Topf geben und mit Wasser bedecken. Aufkochen und etwa 15 Minuten weich kochen. Kochbananen herausnehmen, abtropfen lassen und während sie noch warm sind zerstampfen. Beiseite stellen.

2 Öl in einer Pfanne erhitzen. Zwiebel, Paprika und Garnelen etwa 3 Minuten anbraten. Mit Salz und Pfeffer würzen. Die Mischung zu den Kochbananen geben und gut vermischen.

3 Jeweils einen gut gehäuften Esslöffel der Kochbananen- und Garnelenmischung mit den Händen zu Bällchen formen.

4 Eine Pfanne 5 cm hoch mit Öl füllen und auf 190 °C (verwenden Sie zur Kontrolle ein Fett-Thermometer) erhitzen. Die Bällchen darin goldbraun frittieren. Auf Küchenpapier abtropfen lassen und heiß servieren.

Salate, Sandwiches und Suppen

Ensalada real

PALMHERZEN-SALAT

4 Portionen

2 mittelgroße rot-gelbe Tomaten
225 ml Olivenöl
Salz zum Abschmecken
1 Dose Palmherzen (300 g), abgetropft und längs in Scheiben geschnitten
4 Frühlingszwiebeln, in feine Ringe geschnitten
1 mittelgroße rote Zwiebel, in feine Scheiben geschnitten

1 Für das Dressing: Tomaten vierteln, das Fruchtfleisch herauslösen und beiseite stellen. Das Fruchtfleisch in einen Mixer geben. Den Mixer auf der höchsten Stufe einstellen und das Öl in einem schmalen, gleichmäßigen Strahl dazugießen. Mit Salz würzen und beiseite stellen.

2 Tomatenviertel, Palmherzen, Frühlingszwiebeln und rote Zwiebel in einer Schüssel vermischen und mit dem Dressing beträufeln.

Croqueta preparada

KROKETTEN-SANDWICH

4 Portionen • Zubereitungszeit: 8 Minuten

Baguette-Stücke von je 20 cm
8 ausgebackene Croquetas de jamón (*siehe* Seite 17)
125 g Gruyère oder einen anderen Schweizer Käse, in feine Scheiben geschnitten
225 g Schinken, in feine Scheiben geschnitten
3 süßliche Essiggurken (Pickles), längs in feine Scheiben geschnitten
4 EL milder Senf
175 g Butter

1 Baguettes aufschneiden. Untere Hälfte mit Kroketten, etwas Schinken und Käse belegen. Essiggurkenscheiben darauf verteilen.

2 Obere Baguettehälfte mit 1 Esslöffel Senf bestreichen. Die Sandwichs zuklappen und außen mit Butter bestreichen. Die Sandwichs in einem Griddle (Grillpfanne mit Riffelboden) oder einer ungefetteten Pfanne rösten, bis sie warm sind.

Ensalada de bacalao

KLIPPFISCH-SALAT

4 Portionen • Zubereitungszeit: 25 Minuten

450 g Klippfisch (gesalzener und getrockneter Kabeljau)
1 mittelgroße weiße Zwiebel
6 große grüne Oliven, entkernt und fein geschnitten
5 EL Olivenöl
2 EL Rotweinessig
frische Petersilie und Zitronen-Achtel zum Garnieren

1 Den Fisch in einem Topf mit Wasser bedecken und 2 Stunden einweichen. Das Wasser nach einer Stunde wechseln.

2 Den Fisch abtropfen lassen. In den Topf mit frischem Wasser zurückgeben und aufkochen, dann 20 Minuten köcheln lassen. Den Topf von der Kochstelle nehmen, den Fisch abtropfen und abkühlen lassen, bis er verarbeitet werden kann.

3 Fisch in Stücke zerpflücken, Haut und dunkles Fleisch entfernen. Den zerpflückten Fisch mit Zwiebel, Olivenöl und Essig in einer Schüssel vermengen. Gekühlt und mit Petersilie und Zitronen-Achteln garniert servieren.

Mariscada

MEERESFRÜCHTE-SUPPE

6 Portionen • Zubereitungszeit: 2½ Stunden

Olivenöl zum Braten
2 mittelgroße weiße Zwiebeln, gewürfelt
2 mittelgroße grüne Paprikas, gewürfelt
2 Hummer à 650 g (Kopf entfernen und aufbewahren; Schwanz in der Schale lassen und in 2,5 cm dicke Stücken schneiden; Zangen aufbrechen)
225 g große Garnelen, gesäubert, ausgelöst und entdarmt, Schalen aufbewahren
225 ml Tomatensauce aus der Dose
225 ml Weißwein
2 Lorbeerblätter
900 ml Muschelbrühe
900 ml Wasser
24 Venusmuscheln, gewaschen
24 Miesmuscheln, gewaschen
1 Prise Safran
225 g Jakobsmuscheln, gewaschen
½ Bund Culantro, fein gehackt
Salz und frisch gemahlener schwarzer Pfeffer zum Abschmecken

1 Den Boden einer großen Pfanne mit einer dünnen Schicht Öl bedecken. Eine Zwiebel und eine Paprika weich dünsten.

2 Hummerkopf und Garnelenschalen dazugeben und mitgaren, bis sich die Schalen rot färben. Anschließend Tomatensauce, Weißwein und ein Lorbeerblatt hinzufügen. Muschelbrühe und Wasser dazugießen und mindestens 2 Stunden kochen. Abseihen und Meeresfrüchte-Brühe aufbewahren.

3 Den Boden einer mittelgroßen Pfanne mit einer Schicht Öl bedecken. Zwiebel und Paprika weich dünsten.

4 Venus- und Miesmuscheln sowie das zweite Lorbeerblatt und Safran dazugeben.

5 Garnelen, Jakobsmuscheln und Hummer dazugeben und weitere 8 Minuten kochen. Zuletzt Culantro dazugeben und mit Salz und Pfeffer abschmecken.

Ensalada de mariscos

MEERESFRÜCHTE-SALAT

4 Portionen • Zubereitungszeit: 20 Minuten

2 Zitronen, halbiert
2 Lorbeerblätter
½ TL scharfe rote Chilisauce
Salz zum Abschmecken
225 g Garnelen, gesäubert, ausgelöst und entdarmt, Schalen aufbewahren
Eiswasser
125 g Jakobsmuscheln
3 mittelgroße Tintenfische (Calamari), in Ringe geschnitten
2 Knoblauchzehen, in Scheiben geschnitten
24 Venusmuscheln, gesäubert
50 ml Weißwein (ggf. mehr)
24 Miesmuscheln, gesäubert
¼ Bund Thymian, ohne Stängel und fein gehackt
1 kleine rote Zwiebel, fein gehackt
1 Stange Sellerie, fein gehackt
1 eingelegte rote Paprika, fein gehackt
4 frische Basilikumblätter, fein gehackt
1 EL Olivenöl
½ TL frischer Limettensaft
Basilikumblätter zum Garnieren

1 Einen großen Topf zu drei Vierteln mit Wasser füllen und zum Kochen bringen. Zitronen, Basilikumblätter, scharfe Sauce und Salz hineingeben. Einige Minuten kochen, dann Garnelen dazugeben und etwa 4 Minuten kochen.

2 Garnelen herausnehmen, das Wasser im Topf lassen und die Garnelen sofort in eine Schüssel mit Eiswasser geben. Das Wasser im Topf erneut aufkochen und den Vorgang zunächst mit den Jakobsmuscheln (etwa 3 Minuten kochen) und dann mit den Tintenfischringen (1 Minute kochen) wiederholen. Gegebenenfalls Eiswasser nachschütten.

3 Den Boden einer Pfanne mit einer Schicht Olivenöl bedecken und Knoblauch goldgelb anbraten. Venusmuscheln und Wein dazugeben. Bei Bedarf noch etwas Wein hinzufügen. Pfanne abdecken und 4 Minuten dünsten bzw. bis sich die Venusmuscheln zu öffnen beginnen. Miesmuscheln dazugeben und kochen, bis sich Venus- und Miesmuscheln öffnen.

4 Venus- und Miesmuscheln herausheben, Thymian in die heiße Pfanne geben und die Brühe bis auf drei Viertel der Flüssigkeit einkochen lassen. Abseihen und auf Raumtemperatur abkühlen lassen.

5 Zwiebel, Sellerie, eingelegte Paprika, Basilikum, 1 EL Olivenöl und Limettensaft in einer Schüssel vermengen. Garnelen und Jakobsmuscheln in Hälften schneiden und zusammen mit der durchgeseihten Brühe unterrühren. Mies- und Venusmuscheln aus der Schale lösen und zur Mischung geben. Kosten, dann salzen und pfeffern. Vor dem Servieren mindestens 30 Minuten im Kühlschrank ziehen lassen. Mit Basilikumblättern garnieren.

Media noche

SCHINKEN, SCHWEINEBRATEN UND GRUYÈRE AUF SÜSSEM BROT

8 Portionen • Zubereitungszeit: 8 Minuten

4 süße Brötchen, aufgeschnitten
225 g Schweinebraten, in feine Scheiben geschnitten
225 g Schinken, in feine Scheiben geschnitten
125 g Gruyère oder ein anderer Schweizer Käse
2 Gewürzgurken, in feine Scheiben geschnitten
4 EL milder Senf
175 g Butter

1 Untere Brötchenhälfte mit etwas Schweinebraten, Schinken und Käse belegen. Mit einigen Gurkenscheiben bedecken.

2 Die obere Brötchenhälfte mit 1 EL Senf bestreichen und das Sandwich zuklappen.

3 Boden und Deckel des Sandwichs außen mit Butter bestreichen und in einer sehr heißen gusseisernen Bratpfanne oder in einem Griddle (Grillpfanne mit Riffelboden) rösten, bis es warm und goldbraun ist.

Yucassoise

KALTE YUCCA-SUPPE

6 Portionen • Zubereitungszeit: $1\frac{1}{4}$ Stunden

2 bis 3 kleine ganze frische Yucca (Manioks), geschält, oder 450 g tiefgefrorene Yucca
Wasser, gesalzen
3 EL gesalzene Butter
2 Knoblauchzehen, fein gehackt
2 mittelgroße Stangen Lauch (nur der weiße Teil) gewaschen und klein gehackt
900 ml Hühnerbouillon
450 ml Milch
Salz und frisch gemahlener schwarzer Pfeffer zum Abschmecken
gehackter Schnittlauch zum Garnieren

1 Yucca in einen mittelgroßen Topf geben und mit gesalzenem Wasser bedecken. Auf mittlerer Flamme etwa 35 Minuten köcheln, bis sie weich sind. Yucca herausnchmcn, abtropfen lassen und beiseite stellen.

2 Butter in einer kleinen Pfanne auf kleiner Flamme zergehen lassen. Knoblauch und Lauch hineingeben und etwa 12 Minuten anbraten, bis sie weich sind. Währenddessen Yucca in kleine Stücke schneiden und den faserigen Kern entfernen. Yucca in eine Küchenmaschine geben und pürieren. Das Püree in den Topf geben und die Knoblauch-Lauch-Mischung dazugeben.

3 Nach und nach Bouillon und Milch dazugießen und auf kleiner Flamme glatt rühren. Von der Kochstelle nehmen und mit Salz und Pfeffer abschmecken. Die Suppe auf Raumtemperatur abkühlen lassen, dann mehrere Stunden kalt stellen, bis sie gut durchgekühlt ist. Für eine Suppe mit dünnerer Konsistenz mehr Milch zugeben und nochmals abschmecken. In gekühlten Schalen und mit gehacktem Schnittlauch bestreut servieren.

Sopa de frijoles colorados

ROTE-BOHNEN-SUPPE

4 Portionen • Zubereitungszeit: etwa 2 Stunden

1,8 l Wasser
450 g getrocknete Kidney-Bohnen, gewaschen
1 mittelgroße Cubanelle-Chilischote, halbiert und entkernt
2 Lorbeerblätter
2 EL Olivenöl
125 g durchwachsener Speck, gewürfelt
125 g Schinken, gewürfelt
125 g spanische Chorizo-Wurst, gewürfelt
je 1 rote, grüne und gelbe Paprika, fein gewürfelt
1 große weiße Zwiebel, fein gehackt
2 Knoblauchzehen, fein gehackt
50 ml Tomatenmark
1 große Kartoffel, geschält und gewürfelt
225 g Gartenkürbis, geschält und gewürfelt
Salz zum Abschmecken
½ Bund Culantro, fein gehackt

1 Wasser, Bohnen, Cubanelle-Chilischote und Lorbeerblätter in einen großen Topf geben und auf mittlerer bis großer Flamme zum Kochen bringen. Auf kleine Flamme herunterschalten und den Topf halb abdecken. Etwa 1½ Stunden kochen, bis die Bohnen weich sind, dabei ab und zu umrühren. Von der Kochstelle nehmen, Chilischote und Lorbeerblätter herausnehmen. Beiseite stellen.

2 Olivenöl auf mittlerer Flamme erhitzen, Speck, Schinken und Chorizo etwa 4 Minuten anbraten. Paprika, Zwiebel und Knoblauch dazugeben und dünsten, bis die Zwiebel weich ist. Tomatenmark unterrühren.

3 Die Bohnen wieder auf den Herd stellen, gebratene Paprika-Mischung und Kartoffeln dazugeben. 15 Minuten köcheln.

4 Den Kürbis hinzufügen und weitere 10 Minuten köcheln, bzw. bis der Kürbis und die Kartoffel weich sind. Mit Salz abschmecken und weitere 5 Minuten auf kleiner Flamme köcheln, um die Aromen zu vermischen. Vor dem Servieren den Culantro hinzugeben.

Vorne: Sopa de frijoles colorados; *Hinten:* Sopa de frijoles negros

Sopa de frijoles negros

SCHWARZE-BOHNEN-SUPPE

4 Portionen • Zubereitungszeit: 2 Stunden

1,8 l Wasser
450 g getrocknete schwarze Bohnen, gewaschen
1 mittelgroße Cubanelle-Chilischote, längs geviertelt
2 Lorbeerblätter
125 ml Olivenöl, zusätzlich 2 EL
je 1 grüne, gelbe und rote Paprika, fein gewürfelt
1 große weiße Zwiebel, fein gewürfelt
50 ml Tomatenmark
½ EL gemahlener Kreuzkümmel
½ EL getrockneter Oregano
5 Knoblauchzehen, fein gehackt
1 EL Zucker
1 EL weißer Essig
Salz zum Abschmecken
frischer Oregano zum Garnieren

1 Wasser, Bohnen, Cubanelle-Chilischote und Lorbeerblätter in einen großen Topf geben und auf mittlerer bis großer Flamme zum Kochen bringen. Auf kleine Flamme herunterschalten und den Topf halb abdecken. Etwa 1½ Stunden kochen, bis die Bohnen weich sind, dabei ab und zu umrühren.

2 Von der Kochstelle nehmen, Chili-Stücke und Lorbeerblätter herausnehmen und wegwerfen. Beiseite stellen.

3 2 EL Olivenöl in einer Pfanne erhitzen. Paprika und Zwiebel darin weich dünsten. Tomatenmark unterrühren, Kreuzkümmel und Oregano dazugeben. Etwa 5 Minuten köcheln und beiseite stellen.

4 In einer getrennten Pfanne den Knoblauch im restlichen Olivenöl auf kleiner Flamme golden anbraten. Die Bohnen wieder auf den Herd stellen, Paprika-Mischung sowie Knoblauch mit Öl, Zucker und Essig dazugeben. Mit Salz abschmecken und auf kleiner Flamme 20 Minuten köcheln, um die Aromen zu vermischen. Mit einem Zweig Oregano garnieren.

Guiso de quimbobo

OKRA-EINTOPF

4 Portionen • Zubereitungszeit: 2 Stunden

450 g Okras, gewaschen und in 5 mm dicke Scheiben geschnitten
225 ml Wasser
2 TL weißer Essig
1 TL Zitronensaft
125 g durchwachsener Speck, gewürfelt
2 EL Olivenöl
1 mittelgroße weiße Zwiebel, fein gewürfelt
1 mittelgroße grüne Paprika, fein gewürfelt
2 Tomaten, fein gehackt
2 Knoblauchzehen, fein gehackt
225 g Schweinefleisch, in 1 cm dicke Würfel geschnitten
125 ml Salsa de tomate cubana (*siehe* S. 64) oder Tomatensauce aus der Dose
2 l Hühnerbouillon
2 süße Kochbananen, gewürfelt
Salz und frisch gemahlener schwarzer Pfeffer zum Abschmecken

1 Okras in Wasser, Essig und Zitronensaft 15 Minuten einweichen, damit sie den milchartigen Saft absondern.

2 Speck und Öl in einen mittelgroßen Topf geben, erhitzen und den Speck auslassen. Zwiebel, Paprika, Tomaten und Knoblauch dazugeben und 4 Minuten glasig braten. Schweinefleisch dazugeben und weitere 5 Minuten braten. Tomatensauce bzw. Salsa unterrühren und 10 Minuten kochen.

3 Okras und Hühnerbouillon dazugeben und aufkochen. Zuletzt die Kochbananen hinzufügen und etwa 20 Minuten kochen. Mit Salz und Pfeffer abschmecken.

Ensalada de coditos

PASTA-SALAT NACH KUBANISCHER ART

4 Portionen • Zubereitungszeit: 8 Minuten

225 g Makkaroni
2 hart gekochte Eier, gewürfelt
225 ml Mayonnaise
2 EL Dijon-Senf
150 g tiefgefrorene Erbsen, aufgetaut
175 g Spitzpaprika (aus der Dose), fein gewürfelt
8 schwarze Oliven, entkernt und fein geschnitten
Salz und frisch gemahlener schwarzer Pfeffer

1 Wasser in einem mittelgroßen Topf zum Kochen bringen. Makkaroni hineingeben und etwa 8 Minuten kochen. Abgießen und abkühlen lassen.

2 Makkaroni in eine Schüssel geben, Eier, Mayonnaise und Senf hinzufügen und vermengen. Erbsen, Spitzpaprika und Oliven zugeben und gut vermischen. Mit Salz und Pfeffer abschmecken.

Chicharos requetecubanos

ERBSENSUPPE NACH KUBANISCHER ART

6 Portionen • Zubereitungszeit: 1½ Stunden, zzgl. Einweichzeit

450 g getrocknete halbe Erbsen, gewaschen und über Nacht eingeweicht
2,25 l Wasser
2 Lorbeerblätter
350 g Räucherschinken, in feine Scheiben geschnitten
50 ml Olivenöl
125 g durchwachsener Speck, fein gewürfelt
2 Knoblauchzehen, fein gehackt
1 mittelgroße weiße Zwiebel, fein gewürfelt
1 TL gemahlener Kreuzkümmel
2 TL getrockneter Oregano
Salz und frisch gemahlener schwarzer Pfeffer zum Abschmecken

1 Das Einweichwasser abgießen und Erbsen abtropfen. Wasser, Erbsen, Lorbeerblätter und Schinken in einen großen Topf geben und auf mittlerer Flamme zum Kochen bringen. Die Flamme herunterdrehen und etwa 45 Minuten bedeckt köcheln, bis alle Zutaten weich sind. Gegebenenfalls Wasser nachgießen. Beiseite stellen.

2 Einen Sofrito zubereiten, d.h. Öl in einer Pfanne erhitzen und darin Speck, Knoblauch und Zwiebel etwa 4 Minuten anbraten. Kreuzkümmel und Oregano dazugeben und weitere 2 Minuten braten, bis die Mischung anfängt zu duften.

3 Sofrito unter die Erbsen rühren und etwa 15 Minuten köcheln. Mit Salz und Pfeffer abschmecken.

Sandwich Cubano

KUBANISCHES SANDWICH

4 Portionen • Zubereitungszeit: 8 Minuten

4 Baguette-Stücke von je 20 cm
225 g Schweinebraten, in feine Scheiben geschnitten
225 g Schinken, in feine Scheiben geschnitten
125 g Gruyère oder ein anderer Schweizer Käse, in feine Scheiben geschnitten
2 Gewürzgurken, in feine Scheiben geschnitten
4 EL milder Senf
175 g Butter

1 Baguette aufschneiden. Untere Hälfte mit Schweinebraten, etwas Schinken und Käse und zum Schluss mit Gewürzgurkenscheiben belegen.

2 Obere Hälfte mit 1 EL Senf bestreichen und das Sandwich zuklappen. Ober- und Unterseite des Sandwichs außen mit Butter bestreichen und in einer sehr heißen gusseisernen Bratpfanne oder einem Griddle (Grillpfanne mit Riffelboden) rösten, bis sie warm und außen goldbraun sind.

Choripan

CHORIZO-SANDWICH

4 Portionen • Zubereitungszeit: 10 Minuten

1 kleine weiße Zwiebel, fein geschnitten
Olivenöl zum Braten
4 Baguette-Stücke von je 20 cm
2 Gewürzgurken, längs in Scheiben geschnitten
8 geräucherte, spanische Chorizo-Würste, in grobe Scheiben geschnitten
4 EL milder Senf
175 g Butter

1 Zwiebel im Öl glasig dünsten. Brot längs aufschneiden. Chorizo, gebratene Zwiebel und Gewürzgurken in vier gleichgroße Portionen aufteilen.

Choripan

2 Untere Brothälfte mit Chorizo und Zwiebeln und zum Schluss mit Gewürzgurken belegen. Obere Brothälfte mit Senf bestreichen und das Sandwich zuklappen.

3 Die Ober- und Unterseite außen mit Butter bestreichen und in einer sehr heißen gusseisernen Bratpfanne oder einem Griddle (Grillpfanne mit Riffelboden) überbacken, bis sie warm und außen goldbraun sind.

Judías

WEISSE-BOHNEN-SUPPE

6 Portionen • Zubereitungszeit: 2 Stunden, zzgl. Einweichzeit

450 g getrocknete weiße Bohnen, gewaschen und über Nacht eingeweicht
2,25 l Wasser
2 Lorbeerblätter
1 Stück Pökelfleisch vom Schwein (175 g)
2 mittelgroße Schweinshaxen
50 ml Olivenöl
2 Knoblauchzehen, fein gehackt
1 mittelgroße weiße Zwiebel, fein gehackt
1 TL gemahlener Kreuzkümmel
2 TL getrockneter Oregano
Salz und frisch gemahlener schwarzer Pfeffer zum Abschmecken

1 Das Einweichwasser abgießen und die Bohnen abtropfen. Bohnen, Wasser, Lorbeerblätter, Pökelfleisch und Haxen in einen großen Topf geben und auf mittlerer Flamme zum Kochen bringen. Hitze reduzieren und bedeckt etwa 1½ Stunden köcheln, bis alle Zutaten gar sind. Gegebenenfalls Wasser nachgießen.

2 Das Pökelfleisch aus dem Topf nehmen (es wird für das Rezept nicht mehr gebraucht). Die Schweinshaxen herausnehmen, das Fleisch zerkleinern und das Fett wegschütten. Das zerkleinerte Fleisch zu den Bohnen geben und beiseite stellen.

3 Einen Sofrito zubereiten, d.h. Öl in einer Pfanne erhitzen und darin Knoblauch und Zwiebel etwa 3 bis 4 Minuten dünsten. Kreuzkümmel und Oregano dazugeben und weitere 2 Minuten braten, bis die Mischung anfängt zu duften. Sofrito zu den Bohnen geben und etwa 15 Minuten köcheln. Mit Salz und Pfeffer abschmecken.

Ensalada de chayote y aguacate

CHAYOTE-AVOCADO-SALAT

4 Portionen • Zubereitungszeit: 8 Minuten

4 Chayotes, geschält, entkernt, in große Würfel geschnitten
1 mittelgroße Avocado, geschält, entkernt, gewürfelt
6 EL extra natives Olivenöl
3 EL weißer Essig
¼ Bund frischer Koriander, fein gehackt
½ TL Zucker
½ TL Dijon-Senf
Salz und frisch gemahlener schwarzer Pfeffer zum Abschmecken

1 Wasser in einem mittelgroßen Topf zum Kochen bringen und Chayotes hineingeben. Etwa 4 bis 5 Minuten weich kochen. Den Topf von der Kochstelle nehmen, Chayotes abtropfen und abkühlen lassen.

2 Chayotes mit der Avocado in eine Schüssel geben. In einer getrennten Schüssel Öl, Essig, Koriander und Zucker vermengen. Senf unterrühren. Mit Salz und Pfeffer abschmecken. Dressing zu Chayote und Avocado geben, vermischen und servieren.

Guiso de maíz

MAIS-EINTOPF

8 Portionen • Zubereitungszeit: 1 Stunde

2 EL Olivenöl
125 g durchwachsener Speck, fein gewürfelt
2 Spanische Chorizo-Würste, fein gewürfelt
1 mittelgroße weiße Zwiebel, fein gewürfelt
1 mittelgroße rote Paprika, fein gewürfelt
2 Knoblauchzehen, fein gehackt
225 ml ganze Tomaten aus der Dose, abgetropft und fein gehackt
3 EL Sherry
1,8 l Hühnerbouillon
1 mittelgroße Kartoffel, geschält und gewürfelt
225 g Gartenkürbis, geschält und gewürfelt
Körner von 8 großen Maiskolben
Salz und frisch gemahlener schwarzer Pfeffer zum Abschmecken
¼ Bund Culantro gehackt, zum Garnieren

1 Öl in einem Topf erhitzen, bis es zu duften beginnt. Speck darin knusprig braten. Hitze reduzieren, Chorizo, Zwiebel, rote Paprika und Knoblauch dazugeben. Etwa 6 bis 8 Minuten dünsten und gelegentlich umrühren, bis das Gemüse weich ist.

2 Tomaten, Sherry, Hühnerbouillon, Kartoffel und Kürbis hinzufügen. Weitere 20 Minuten bedeckt kochen. Mais hineingeben und mit Salz und Pfeffer würzen. Halb abgedeckt weitere 20 Minuten kochen, bis das Gemüse weich ist.

3 Gegebenenfalls nochmals mit Salz und Pfeffer abschmecken. Mit Culantro garnieren und in vorgewärmten Schälchen servieren.

Sopa de pollo de la abuela

GROSSMUTTERS HÜHNERSUPPE

6 Portionen • Zubereitungszeit: 1 Stunde

1 ganzes Brathähnchen (gesäubert, ohne Haut und Knochen), in 8 Stücke zerteilt
1 große Malanga (Tarowurzel), geschält und in mittelgroße Würfel geschnitten
225 g Gartenkürbis, gewürfelt
1 große Yucca (Maniok), geschält und gewürfelt
1 grüne Kochbanane, geschält und in 2,5 cm dicke Scheiben geschnitten
1,8 l Hühnerbouillon
½ TL getrockneter Oregano
½ TL gemahlener Kreuzkümmel
4 ganze Knoblauchzehen, geschält
6 ganze schwarze Pfefferkörner
1 große grüne Paprika, entkernt und geviertelt
1 große weiße Zwiebel, gehackt
Salz zum Abschmecken
2 Knoblauchzehen, fein gehackt
1 mittelgroße rote Paprika, in 8 Stücke geschnitten
4 Culantroblätter

1 Hähnchen, Malanga, Kürbis, Yucca, Kochbanane und Hühnerbouillon in einen großen Topf geben und zum Köcheln bringen.

2 Oregano, Kreuzkümmel, ganze Knoblauchzehen, Pfefferkörner, grüne Paprika und Zwiebel dazugeben. Bedeckt etwa 30 Minuten kochen. Gelegentlich das Fett von der Oberfläche abschöpfen.

3 Die grüne Paprika herausnehmen. Mit Salz und Pfeffer würzen. Knoblauch und rote Paprika zugeben und weitere 10 Minuten kochen. Abschmecken.

4 Culantro dazugeben und auf kleiner Flamme weitere 10 Minuten unbedeckt kochen.

Ensalada criolla

KREOLISCHER SALAT

4 Portionen

1 große Avocado, geschält, entkernt, in große Stücke geschnitten
2 mittelgroße Tomaten, gewürfelt
1 mittelgroße rote Zwiebel, gewürfelt
6 EL Vinagreta Cubana **(*siehe* Seite 60)**
Salz zum Abschmecken

Avocado, Tomaten und Zwiebel in eine Schüssel geben. Vinaigrette dazugeben und gut vermischen. Mit Salz abschmecken.

Cocido Habanero

KICHERERBSENSUPPE MIT KOHL UND CHORIZO

4 Portionen • Zubereitungszeit: 3 Stunden zzgl. Einweichzeit (über Nacht)

225 g getrocknete Kichererbsen, eingeweicht
2,25 l Wasser
1 Lorbeerblatt
2 geräucherte Schweinshaxen (à 250 g)
4 spanische Chorizo-Würste
225 g durchwachsener Speck, gewürfelt
2 Kartoffeln, geschält und geviertelt
2 Möhren, in 4 cm dicke Scheiben geschnitten
50 ml Olivenöl
1 große weiße Zwiebel, geviertelt
1 große rote Paprika, geviertelt
1 Knoblauchzehe, fein gehackt
50 ml Tomatenmark
½ Weißkohl, gehackt

1 Einweichwasser abgießen und Kichererbsen abtropfen lassen. Wasser mit Kichererbsen, Lorbeerblatt und Schweinshaxen in einen großen Topf auf kleiner Stufe 2 Stunden köcheln.

2 Chorizo, Speck, Kartoffeln und Möhren dazugeben und weitere 30 Minuten kochen bzw. bis die Kartoffeln gar sind. Hitze reduzieren und weiter kochen lassen. Gegebenenfalls Wasser nachgießen.

3 Öl in einer Pfanne erhitzen, Zwiebel, Paprika und Knoblauch darin weich dünsten. Tomatenmark unterrühren und weitere 2 Minuten köcheln.

4 Paprikamischung und Kohl dazugeben und 20 Minuten kochen bzw. bis die Kichererbsen weich sind und die Suppe eingedickt ist. Mit frischem Weißbrot servieren.

Pan con lechón

SANDWICH MIT SCHWEINEFLEISCH

4 Portionen • Zubereitungszeit: 3½ Stunden

1 Schweineschulter (1,8 bis 2,7 kg), ohne Knochen
4 ganze Knoblauchzehen, geschält
1 mittelgroße weiße Zwiebel, gewürfelt
1 Lorbeerblatt
1 TL frischer Oregano
1 TL gemahlener Kreuzkümmel
350 ml Weißweinessig
Blätter von ½ Bund frischer Koriander
Salz und frisch gemahlener schwarzer Pfeffer zum Abschmecken
450 g Schweineschmalz
Olivenöl zum Braten
2 kleine rote Zwiebeln, fein geschnitten
Saft von 2 Limetten
4 Baguette-Stücke von 20 cm
1 EL Butter

1 Schweineschulter mit einem scharfen Messer einkerben und mit Knoblauchzehen spicken.

2 Zwiebel, Lorbeerblatt, Oregano, Kreuzkümmel, Essig und Koriander in einem Mixer pürieren und mit Salz und Pfeffer würzen. Diese Marinade über das Schweinefleisch gießen und mindestens 2 Stunden im Kühlschrank ziehen lassen.

3 Ofen auf 160 °C vorheizen. Das Fleisch aus der Marinade nehmen und in einen Bräter geben.

4 Schmalz erhitzen und zergehen lassen, dann über das Fleisch gießen. Das Fleisch mit Backfolie abdecken und 3 Stunden braten. Aus dem Ofen nehmen, 15 Minuten ruhen lassen und in dünne Scheiben schneiden.

5 Rote Zwiebel mit etwas Öl in einer Pfanne weich dünsten und mit Limettensaft ablöschen.

6 Untere Brothälfte mit 4 bis 5 Scheiben Schweinefleisch belegen. Etwas Zwiebelmischung darauf verteilen und das Sandwich mit der oberen Brothälfte zuklappen. Das Sandwich außen mit Butter bestreichen. In einer gusseisernen Bratpfanne oder einem Griddle (Grillpfanne mit Riffelboden) erhitzen, bis das Brot auf beiden Seiten knusprig ist.

Frita Cubana

KUBANISCHER HAMBURGER

4 Portionen • Zubereitungszeit: 30 Minuten

450 g Hackfleisch vom Rind
450 g Hackfleisch vom Schwein
½ weiße Zwiebel, geraspelt
2 Knoblauchzehen, zerstoßen
2 EL Paprikapulver
½ TL gemahlener Kreuzkümmel
1 TL getrockneter Oregano
2 TL Salz
Pflanzenöl, zum Braten
2 Kartoffeln, geschält und in feine Scheiben geschnitten
4 Brötchen, aufgeschnitten
2 Tomaten, in 8 Scheiben geschnitten
1 kleine rote Zwiebel, in 8 dünne Scheiben geschnitten
Pommes Frites zum Servieren
4 EL milder Senf

1 Hackfleisch, Zwiebel, Knoblauch, Paprikapulver, Kreuzkümmel, Oregano und Salz in eine Schüssel geben und alles gut vermengen. Die Mischung zu 4 gleich großen Frikadellen formen und 1 Stunde lang kalt stellen.

2 Eine Pfanne 2,5 cm hoch mit Öl füllen und erhitzen. Kartoffeln darin knusprig braten. Beiseite stellen.

3 Die Frikadellen in derselben Pfanne auf jeder Seite etwa 4 Minuten anbraten, bis das Fleisch gar ist. Dabei nur einmal wenden.

4 Den Hamburger belegen: Je eine Frikadelle auf ein Brötchen geben, mit einer Tomaten- und einer Zwiebelscheibe belegen. Deckel mit 1 EL Senf bestreichen und den Hamburger zuklappen. Mit Pommes frites servieren.

Marinaden, Saucen, und Dressings

Marinado de batidora

MIXER-MARINADE

ergibt 800 ml

½ Bund frische Petersilie
½ Bund frischer Koriander
½ Bund frischer Oregano
3 Lorbeerblätter
6 ganze Knoblauchzehen, geschält
1 mittelgroße weiße Zwiebel, geviertelt
1 mittelgroße rote Zwiebel, geviertelt
6 ganze schwarze Pfefferkörner
225 ml Weißweinessig
700 ml Olivenöl
Salz zum Abschmecken

Petersilie, Koriander, Oregano, Lorbeerblätter, Knoblauch, weiße und rote Zwiebeln, Pfefferkörner und Essig in einen leistungsstarken Mixer oder in eine Küchenmaschine geben und gut vermischen. In eine Schüssel geben und mit Öl vermengen. Mit Salz abschmecken.

Vinagreta Cubana

KUBANISCHE VINAIGRETTE

ergibt 350 ml

2 EL milder Senf
1 große Knoblauchzehe, zerstoßen
6 EL frisch gepresster Limettensaft oder Weißweinessig
175 ml extra natives Olivenöl
¼ Bund frische Petersilie, ohne Stängel, gehackt
Salz und frisch gemahlener schwarzer Pfeffer zum Abschmecken

Senf, Knoblauch und Limettensaft bzw. Essig in einer Schüssel vermengen. Das Öl unter Rühren in einem gleichmäßigen Strahl zugießen. Petersilie, Koriander, Salz und Pfeffer dazugeben und gut vermischen. Als Salat-Dressing verwenden.

Vinagreta Cubana

Marinado Cubano basico

KLASSISCHE KUBANISCHE MARINADE

ergibt 225 ml

3 Knoblauchzehen, gehackt
Saft von 3 Limetten
125 ml Olivenöl
¼ Bund frische Petersilie, ohne Stängel, gehackt
¼ Bund frischer Koriander, ohne Stängel, gehackt
Salz zum Abschmecken

Alle Zutaten in einer Schüssel vermengen und mit Salz abschmecken. Dieses Rezept wird verwendet, um Fleisch und Geflügel über Nacht zu marinieren.

Salsa de aguacate

AVOCADO-DRESSING

4 Portionen

1 große reife Avocado, geschält, entkernt und gewürfelt
1 EL Weißweinessig
3 EL Olivenöl
1 EL frischer Limettensaft
Wasser
Salz und frisch gemahlener schwarzer Pfeffer

Avocado, Essig, Olivenöl und Limettensaft in einen Mixer geben, pürieren und je nach Bedarf Wasser hinzufügen. Mit Salz und Pfeffer abschmecken. Dieses Dressing wird verwendet, um Gemüse-Salate und Gerichte mit Meeresfrüchten zu würzen. Unverdünnt kann dieses Dressing auch als Dip serviert werden.

Salsa de aguacate

Salsa Criolla

KREOLISCHE SAUCE

4 Portionen • Zubereitungszeit: 15 Minuten

125 ml natives Olivenöl extra
3 Knoblauchzehen, gehackt
½ Lorbeerblatt
2 große weiße Zwiebeln, fein gewürfelt
2 grüne Paprika, fein gewürfelt
5 mittelgroße Tomaten, fein gewürfelt
½ TL Paprikapulver
Salz und frisch gemahlener schwarzer Pfeffer zum Abschmecken

1 Öl in einer Pfanne erhitzen. Knoblauch, Lorbeerblatt, Zwiebeln, Paprikas und Tomaten auf mittlerer Hitze andünsten und dabei gut umrühren, bis die Mischung eingedickt ist. Paprikapulver hinzufügen und vom Herd nehmen.

2 Mit Salz und Pfeffer abschmecken und wahlweise heiß oder kalt zu Fleisch- und Geflügelgerichten servieren.

Salsa de tomate Cubana

TOMATENSAUCE NACH KUBANISCHER ART

8 Portionen • Zubereitungszeit: 1 Stunde

125 ml Olivenöl
1 große weiße Zwiebel, gewürfelte
3 mittelgroße Cubanelle-Chilischoten, gewürfelt
5 Knoblauchzehen, gehackt
3 EL Tomatenmark
3 Dosen ganze Tomaten (à 300 g), mit einer Gabel zerdrückt
5 frische Basilikumblätter
1 TL Zucker
Salz und frisch gemahlener schwarzer Pfeffer zum Abschmecken

1 Olivenöl auf mittlerer Flamme in einer großen Pfanne erhitzen. Zwiebel, Chilischoten und Knoblauch darin weich dünsten. Tomatenmark unterrühren und etwa 5 Minuten kochen.

Salsa Criolla

2 Tomaten dazugeben und etwa 45 Minuten köcheln. Dann Basilikum und Zucker hinzufügen. Nach Geschmack mit Salz und Pfeffer würzen. Vom Herd nehmen und leicht abkühlen lassen. In einem Mixer oder in einer Küchenmaschine pürieren. Diese Sauce wird als Dip oder Sauce zu Pasta serviert und zum Würzen von Eintöpfen verwendet.

Sofrito

SOFRITO-SAUCE

ergibt 900 ml • Zubereitungszeit: 15 Minuten

125 ml extra natives Olivenöl
3 Knoblauchzehen, gehackt
½ Lorbeerblatt
2 große weiße Zwiebeln, fein gewürfelt
2 mittelgroße grüne Paprikas, fein gewürfelt
5 mittelgroße Tomaten, fein gewürfelt
3 EL Tomatenmark
125 ml trockener Weißwein
½ TL Paprikapulver
¼ Bund frische Petersilie, ohne Stängel, fein gehackt
¼ Bund frischer Koriander, ohne Stängel, fein gehackt
¼ Bund frischer Oregano, ohne Stängel, fein gehackt
Salz und frisch gemahlener schwarzer Pfeffer zum Abschmecken

1 Öl in einer Pfanne erhitzen. Knoblauch, Lorbeerblatt, Zwiebeln, Paprikas und Tomaten hineingeben und auf mittlerer Flamme braten, bis die Zwiebeln weich sind.

2 Tomatenmark unterrühren und karamellisieren lassen. Weißwein zugießen und 3 Minuten kochen. Paprikapulver, Petersilie, Koriander und Oregano dazugeben.

3 Von der Kochstelle nehmen und leicht abkühlen lassen. Pürieren und mit Salz und Pfeffer abschmecken.

Diese Sauce wird verwendet, um Eintöpfe, Suppen und Bohnen zu würzen sowie um anderen Saucen eine dicklichere Konsistenz und mehr Aroma zu verleihen.

Marinado de naranja agria

BITTERORANGEN-MARINADE

ergibt 225 ml

3 Knoblauchzehen, fein gehackt
Saft von 3 Bitterorangen oder 2 Orangen und 1 Limette
¼ Bund frischer Oregano, ohne Stängel, Blätter fein gehackt
3 EL Olivenöl
1 Lorbeerblatt, fein gehackt
¼ gemahlener Kreuzkümmel
Salz zum Abschmecken

Alle Zutaten in einer Schüssel vermengen und mit Salz abschmecken.

Diese Marinade wird verwendet um Schweinefleisch zu marinieren oder zu garen.

Mojo criollo para viandas y carnes

SCHARFE KNOBLAUCHSAUCE

4 Portionen • Zubereitungszeit: 10 Minuten

50 ml Olivenöl
1 mittelgroße weiße Zwiebel, fein gehackt
6 Knoblauchzehen, gehackt
½ Bund frische Petersilie, ohne Stängel und fein gehackt
½ Bund frischer Koriander, ohne Stängel und fein gehackt
Saft von 3 Limetten
½ TL Salz

1 Olivenöl in einer mittelgroßen Pfanne erhitzen. Zwiebel und Knoblauch darin anbraten, bis sie anfangen zu duften.

2 Von der Kochstelle nehmen und 2 Minuten ruhen lassen. Petersilie, Koriander, Limettensaft und Salz dazugeben. Heiß über Gemüse- oder Fleischgerichte geben.

Fisch und Meeresfrüchte

Salpicón de pescado

HAUSGEMACHTE FISCHROLLE

4-6 Portionen • Zubereitungszeit: 1 Stunde

900 ml Wasser
225 ml Weißwein
1 Lorbeerblatt
6 Pfefferkörner
1 Zitrone, halbiert
1 große weiße Zwiebel, halbiert
1 Möhre, halbiert
1 TL scharfe Chilisauce
1,3 kg Kabeljau-Filet
75 g Paniermehl
2 EL Milch
2 EL Mehl
2 EL Olivenöl
3 mittelgroße Eier, geschlagen
1 eingelegte Paprika, fein gehackt
1 große Gewürzgurke, sehr fein gehackt
1 große weiße Zwiebel, gewürfelt
1 TL getrockneter Oregano
Salz zum Abschmecken
ein großes Stück Musselintuch
3 hart gekochte Eier
gemischter Salat zum Servieren
Zitronen-Achtel

1 Wasser, Wein, Lorbeerblatt, Pfefferkörner, Zitrone, Zwiebelhälfte, Möhre und scharfe Sauce in einem großen Topf zum Kochen bringen. 5 Minuten kochen lassen, damit sich das Aroma entfaltet. Abseihen, die Kochflüssigkeit auffangen. Die übrigen Zutaten werden für das Rezept nicht mehr gebraucht.

2 Die Kochflüssigkeit zurück in den Topf geben und auf kleiner Flamme zum Köcheln bringen. Fischfilet hineingeben und 4 Minuten garen. Den Fisch herausnehmen und auf Raumtemperatur abkühlen lassen. Das Kochwasser aufbewahren.

3 Fisch mit den Händen zerpflücken und in eine Schüssel geben. Paniermehl, Milch, Mehl und Olivenöl dazugeben. Geschlagene Eier, eingelegte Paprika, Gewürzgurke, gehackte Zwiebel und Oregano dazugeben und gut durchmischen. Mit Salz würzen.

4 Das Musselintuch zu einem 2-lagigen 46 x 46 cm großen Stück falten. Die Mischung mit einem Löffel auf etwa 25 cm Länge rollenförmig auf das Musselintuch geben.

5 Die hart gekochten Eier nebeneinander mittig auf die Rolle legen und festdrücken. Die Enden des Musselintuchs über die Rolle schlagen. Den vorderen Stoffrand nehmen und die Mischung der Breite des Musselintuchs nach rollen. Dabei 2,5 cm am Ende frei lassen. Den überstehenden Stoffrand abschneiden und zum festen Abbinden der Enden nutzen, sodass eine wurstförmige Rolle entsteht. Die Rolle in den Topf mit der aufbewahrten Kochflüssigkeit geben.

6 Auf mittlerer Flamme 45 Minuten kochen und darauf achten, dass das Wasser nicht zu köcheln aufhört. Aus dem Topf heben und das Musselintuch entfernen, solange die Rolle heiß ist, da der Stoff sonst daran festklebt. Die Rolle auf Raumtemperatur abkühlen lassen und in 2 cm dicke Scheiben schneiden. Mit Zitronen-Spalten garnieren. Kalt und mit gemischtem Salat servieren.

Pudín de pescado

FISCHAUFLAUF

6-8 Portionen • Zubereitungszeit: 1 Stunde 40 Minuten

450 g Kartoffeln, geschält und gewürfelt
2 weiße Fischfilets à 450g (vorzugsweise Kabeljau), gesäubert und ohne Haut
2 mittelgroße weiße Zwiebeln, eine halbiert, die andere gewürfelt
1 Zitrone, halbiert
3 Lorbeerblätter
1 EL Olivenöl
3 Scheiben Weißbrot
225 ml Milch
5 mittelgroße Eier, geschlagen
½ TL Salz
¼ Bund frische Petersilie, ohne Stängel, fein gehackt
3 EL Butter
Arroz amarillo (*siehe* Seite 126), zum Servieren
Ensalada de chayote y aguacate (*siehe* Seite 49), zum Servieren

1 Ofen auf 180 °C vorheizen. Die Kartoffeln in einen Topf geben, mit Wasser bedecken und zum Kochen bringen. Etwa 15 Minuten kochen. Von der Kochstelle nehmen und abgießen. Kartoffeln pürieren und beiseite stellen.

2 Fischfilets, Zwiebelhälften, Zitronenhälften und 1 Lorbeerblatt in einen mittelgroßen Topf geben. Mit Wasser bedecken und zum Kochen bringen. Etwa 8 Minuten kochen. Von der Kochstelle nehmen und abgießen. Den Fisch mit den Händen zerpflücken und beiseite stellen.

3 Olivenöl in einer Pfanne erhitzen. Die restlichen Lorbeerblätter und die gewürfelte Zwiebel etwa 5 Minuten darin weich dünsten. Von der Kochstelle nehmen, Lorbeerblätter entfernen und beiseite stellen.

4 Das Brot in einer Küchenmaschine zu groben Krumen verarbeiten. Brotkrumen, Milch und geschlagene Eier in einer großen Schüssel vermengen. Kartoffelpüree, Fisch, Zwiebel, Salz und Petersilie dazugeben und gut vermischen.

5 Eine große Backform von etwa 23 cm Länge mit Butter einfetten. Fischmischung darin verteilen und etwa 1 Stunde backen. Mit Arroz amarillo und Ensalda de chayote y aguacate servieren.

Calamares rellenos

GEFÜLLTER TINTENFISCH

4 Portionen • Zubereitungszeit: 1½ Stunden

350 g Hackfleisch vom Kalb
350 Hackfleisch vom Schwein
1 TL getrockneter Oregano
1 TL gemahlener Kreuzkümmel
125 ml Olivenöl
3 ganze Knoblauchzehen, geschält
2 mittelgroße weiße Zwiebeln, fein gehackt und in zwei gleichgroße Mengen aufgeteilt
1 kleine grüne Paprika, fein gehackt
225 ml trockener Weißwein
225 ml Tomatensauce
8 grüne Oliven, entkernt und in Scheiben geschnitten
40 g Rosinen
Salz und frisch gemahlener schwarzer Pfeffer zum Abschmecken
12 große Tintenfisch-Tuben (Calamari), gewaschen
Cocktailspieße
1½ Cubanelle-Chilischoten, fein gehackt
2 Knoblauchzehen, fein gehackt
1 Dose ganze Tomaten (300 g), mit der Hand zerdrückt
1 Lorbeerblatt
Salat zum Servieren
Frische Petersilie zum Garnieren

1 In einer Schüssel Kalb- und Schweinehackfleisch, Oregano und Kreuzkümmel gut vermischen.

2 50 ml Olivenöl in einer Pfanne erhitzen und die drei ganzen Knoblauchzehen, eine der Zwiebeln und die Paprika auf mittlerer Flamme etwa 4 Minuten weich dünsten.

3 Fleischmischung, 125 ml Wein und Tomatensauce dazugeben. Bedeckt auf kleiner bis mittlerer Flamme etwa 15 Minuten kochen.

4 Deckel abnehmen, Oliven und Rosinen unterrühren und weitere 15 Minuten kochen bzw. bis die Flüssigkeit fast vollkommen eingekocht ist. Darauf achten, dass das Fleisch saftig bleibt. Mit Salz und Pfeffer abschmecken. Von der Kochstelle nehmen und abkühlen lassen.

5 Tintenfisch mit der Fleischmischung füllen und die Enden mit Cocktailspießen verschließen. Beiseite stellen. Ofen auf 160 °C vorheizen.

6 Restliches Olivenöl in einer mittelgroßen Pfanne auf mittlerer Flamme erhitzen und die übrige Zwiebel, Cubanelle-Chilischoten und Knoblauch darin etwa 4 Minuten weich dünsten.

7 Tomaten und Lorbeerblatt dazugeben und die Mischung aufkochen. Sofort von der Kochstelle nehmen und in eine große, rechteckige Backform von etwa 23 cm Länge geben.

8 Tintenfische in der Backform nebeneinander anordnen und mit Backfolie abdecken. Im Ofen etwa 45 Minuten backen, bis die Tintenfische weich sind. Mit Petersilie garnieren und mit Salat als Beilage servieren.

Bacalao a la Viscaina

KLIPPFISCH NACH BISKAYA-ART

6 Portionen • Zubereitungszeit: 45 Minuten zzgl. Einweichzeit (über Nacht)

450 g Klippfisch (gesalzener und getrockneter Kabeljau), ohne Haut und Gräten
450 g Kartoffeln, geschält und in Scheiben geschnitten
4 TL Olivenöl
1 mittelgroße weiße Zwiebel, fein gehackt
2 Knoblauchzehen, fein gehackt
1 grüne Paprika, fein gewürfelt
1 TL Weißweinessig
175 g Spitzpaprika (evtl. aus der Dose), fein gehackt
125 ml Weißwein
125 ml Salsa de tomate Cubana (*siehe Seite 64* oder fertige Tomatensauce)
6 große grüne Oliven, entkernt und in Scheiben geschnitten
getoastete Scheiben Weißbrot oder Baguette zum Servieren

1 Den Klippfisch abspülen und bevor Sie ihn zubereiten, über Nacht einweichen. Das Wasser 3 bis 4 Mal wechseln. Den Stockfisch unmittelbar vor dem Kochen gründlich abspülen.

2 Den Fisch in einen mittelgroßen Topf geben. Mit Wasser bedecken, aufkochen und 10 Minuten kochen. Von der Kochstelle nehmen und abgießen. Mit den Händen in Stücke zerpflücken. Achten Sie darauf, dass der Fisch ganz sauber ist. Beiseite stellen.

3 Kartoffeln in der Zwischenzeit in einen mittelgroßen Topf geben. Mit Wasser bedecken, aufkochen und 15 Minuten garen. Von der Kochstelle nehmen, abgießen und beiseite stellen.

4 Olivenöl in einer mittelgroßen Pfanne erhitzen. Zwiebel, Knoblauch, Paprika, Essig und Spitzpaprika hineingeben und 5 Minuten andünsten. Weißwein, Salsa de tomate Cubana und Fisch dazugeben. Etwa 15 Minuten kochen und gut umrühren. Kartoffeln und Oliven dazugeben und weitere 5 Minuten kochen. Von der Kochstelle nehmen und mit Toastbrot oder Baguette servieren.

Cherna a la Valenciana

ZACKENBARSCH NACH VALENZIANISCHER ART

4 Portionen • Zubereitungszeit: 15 Minuten

1,3 kg Zackenbarsch-Filet
Salz und frisch gemahlener schwarzer Pfeffer zum Abschmecken
25 g Mehl
Olivenöl zum Braten
4 ganze Knoblauchzehen, geschält
350 ml Fischfond
eine Prise Safran
¼ Bund frische Petersilie, ohne Stängel, gehackt

1 Fisch mit Salz und Pfeffer würzen. Im Mehl wenden und das restliche Mehl aufbewahren. Beiseite stellen.

2 Den Boden einer Pfanne mit einer 5 mm Schicht Olivenöl bedecken und auf mittlerer Flamme erhitzen, bis es anfängt zu duften. Knoblauch hineingeben und goldgelb anbraten. Herausnehmen, hacken und beiseite stellen.

3 Den Fisch in die Pfanne geben und auf beiden Seiten etwa 45 Sekunden braun braten. Beiseite stellen.

4 Das restliche Mehl in das Öl streuen und glatt rühren. Langsam eine Hälfte des Fonds unterrühren, dann die zweite Hälfte langsam dazugießen und gut umrühren. Angebratenen Knoblauch, Safran und Petersilie dazugeben und gut umrühren.

5 Fisch zurück in die Pfanne geben und etwa 8 Minuten garen. Noch etwas Fond zugeben, wenn die Sauce zu dickflüssig wird.

Pargo relleno

ROTER SCHNAPPER GEFÜLLT MIT MEERESFRÜCHTEN

4 Portionen • Zubereitungszeit: 25 Minuten

2 El Olivenöl
1 kleine weiße Zwiebel, fein gewürfelt
1 mittelgroße rote Paprika, fein gewürfelt
2 mittelgroße Tomaten, fein gewürfelt
1 Knoblauchzehe, fein gehackt
225 ml trockener Weißwein
1 Chipotle-Chilischoten, fein gehackt
225 g Garnelen, geschält, gesäubert, entdarmt und fein gehackt
225 g gegartes Hummerfleisch, fein gehackt
225 g Krabbenfleisch
¼ Bund frische Petersilie, ohne Stängel, fein gehackt
Salz und frisch gemahlener schwarzer Pfeffer zum Abschmecken
4 ganze rote Schnapper
3 Frühlingszwiebeln, in Ringe geschnitten
225 g Butter, in 2,5 cm dicken Stücke geschnitten
Limetten-Spalten, Frühlingszwiebel in Streifen und frische Petersilie zum Garnieren

1 Den Ofen auf 190 °C vorheizen. Olivenöl in einer Pfanne auf mittlerer Flamme erhitzen. Zwiebel, Paprika, Tomaten und Knoblauch darin weich dünsten.

2 125 ml Wein und Chipotle-Chilischoten dazugeben und kochen, bis die Flüssigkeit fast ganz verkocht ist. Garnelen dazugeben und 1 Minute kochen.

3 Hummer, Krabbenfleisch, Petersilie, Salz und Pfeffer unterrühren. Von der Kochstelle nehmen.

4 Die Schnapper seitlich aufschneiden, sodass sie flach zu öffnen sind, jedoch nicht ganz durchschneiden. Die Fische vorsichtig entgräten und säubern. Mit einem Löffel jeweils ein Viertel der Meeresfrüchtemischung in jeden einzelnen Schnapper füllen und zuklappen. Mit Cocktailspießen verschließen. Die gefüllten Schnapper in eine Backform legen. Den restlichen Wein mit Frühlingszwiebeln und Butter dazugeben. 25 Minuten backen. Mit Limetten-Spalten, Frühlingszwiebeln und Petersilie garnieren und servieren.

Camarones rebozados

PANIERTE GARNELEN

4 Portionen • Zubereitungszeit: 10 Minuten

4 mittelgroße Eier, geschlagen
Salz und frisch gemahlener schwarzer Pfeffer zum Abschmecken
18 große Garnelen, gesäubert, aus der Schale gelöst und entdarmt, längs in flache Scheiben geschnitten
225 g Mehl
Olivenöl zum Ausbacken
600 ml Salsa de tomate Cubana (*siehe* Seite 64)
¼ Bund Koriander, ohne Stängel, fein gehackt

1 Eier mit Salz und Pfeffer würzen.

2 Garnelen in Mehl, dann in den Eiern und anschließend nochmals in Mehl wenden.

3 Etwas Öl in einer Pfanne auf 175 °C erhitzen (verwenden Sie zur Kontrolle ein Fett-Thermometer). Garnelen beidseitig 30 Sekunden braten. Salsa de tomate Cubana dazugeben und weitere 3 Minuten garen. Koriander dazugeben. Mit Zitronen-Spalten anrichten. Als Beilage passt weißer Reis am besten.

Raya alcaparrada

ROCHEN MIT KAPERNSAUCE

4 Portionen • Zubereitungszeit: 20 Minuten

125 g Mehl
Salz und frisch gemahlener schwarzer Pfeffer zum Abschmecken
1,4 kg Rochen, gesäubert und ohne Gräten
Olivenöl zum Braten
1 große weiße Zwiebel, in feine Streifen geschnitten
2 Knoblauchzehen, fein gehackt
1 mittelgroße Cubanelle-Chilischote, in feine Scheiben geschnitten.

1 Das Mehl mit Salz und Pfeffer vermischen. Den Fisch mit einer dünnen Schicht Mehl bedecken. Olivenöl in einer Pfanne erhitzen und den Fisch auf großer Flamme zwei Minuten auf beiden Seiten schnell anbraten. Den Fisch aus der Pfanne nehmen und beiseite stellen.

2 In derselben Pfanne Zwiebel, Knoblauch und Cubanelle-Chilischoten etwa 4 Minuten weich dünsten. Tomatenmark, Essig und Wein unterrühren und aufkochen. Kreuzkümmel und Oregano dazugeben und weitere 2 Minuten kochen. Den Fisch zurück in die Pfanne geben und abgedeckt 4 Minuten garen.

Enchilado de camarones

GARNELEN NACH KREOLISCHER ART

4 Portionen • Zubereitungszeit: 20 Minuten

125 ml Olivenöl
1 große weiße Zwiebel, gewürfelt
2 mittelgroße Cubanelle-Chilischoten, gewürfelt
2 eingelegte rote Paprika, gewürfelt
2 Knoblauchzehen, gehackt
1 Lorbeerblatt
125 ml trockener Weißwein
3 EL Tomatenmark
900 g Garnelen, gesäubert, aus der Schale gelöst und entdarmt
Salz und frisch gemahlener schwarzer Pfeffer zum Abschmecken
1 TL scharfe Chilisauce
¼ Bund frische Petersilie, ohne Stängel, gehackt
¼ Bund frischer Koriander, ohne Stängel, gehackt

1 Olivenöl in einem mittelgroßen Topf erhitzen. Auf mittlerer Flamme Zwiebel, Cubanelle-Chilischoten, eingelegte Paprika und Knoblauch etwa 5 Minuten weich dünsten. Lorbeerblatt, Wein und Essig dazugeben. Aufkochen und Tomatenmark einrühren.

2 Garnelen dazugeben und bedeckt etwa 4 Minuten kochen. Mit Salz und Pfeffer abschmecken. Scharfe Sauce, Petersilie und Koriander dazugeben und sofort servieren.

Pargo asado

GEBRATENER SCHNAPPER

4-6 Portionen • Zubereitungszeit: 35 Minuten

6 ganze Knoblauchzehen, geschält
½ TL Salz
1 TL getrockneter Oregano
125 ml frisch gepresster Orangensaft, zusätzlich 2 EL
125 ml frisch gepresster Limettensaft, zusätzlich 2 EL
1,8 kg Schnapper-Filets
½ Bund frische Petersilie, ohne Stängel, Blätter fein gehackt
1 TL gemahlener Kreuzkümmel
175 ml Olivenöl
125 ml Weißwein
2 Kartoffeln, geschält und in feine Scheiben geschnitten
1 mittelgroße weiße Zwiebel, in feine Scheiben geschnitten
1 große rote Paprika, in feine Streifen geschnitten
12 grüne Oliven, entkernt und in Scheiben geschnitten
2 Lorbeerblätter
2 hart gekochte Eier, geviertelt, zum Garnieren

1 Den Ofen auf 200 °C vorheizen. 4 Knoblauchzehen mit Salz, Oregano, 125 ml Orangensaft und 125 ml Limettensaft in einer Küchenmaschine vermixen.

2 Fischfilets in eine Backform geben und die Marinade darüber gießen. 2 Stunden kalt stellen.

3 Die restlichen Knoblauchzehen, 2 EL Orangensaft und 2 EL Limettensaft in einer Küchenmaschine vermischen. Die Sauce in eine Schüssel geben. Petersilie, Kreuzkümmel, Olivenöl und Wein dazugeben. Beiseite stellen.

4 Kartoffeln, Zwiebel, Paprika und Oliven schichtweise in einen Bräter geben.

5 Den Fisch aus der Marinade nehmen. Den Fisch auf das Gemüse legen, Sauce und Lorbeerblätter dazugeben.

6 Bei mittlerer Hitze auf dem Herd aufkochen. In den Ofen schieben und 20 Minuten braten. Mit hart gekochten Eiern garnieren und servieren.

Harina con cangrejo

MAISMEHL-BREI MIT KRABBENFLEISCH

6 Portionen • Zubereitungszeit: 45 Minuten

2 EL Olivenöl
1 große weiße Zwiebel, fein gehackt
1 mittelgroße grüne Paprika, fein gehackt
1 mittelgroße Tomate, fein gehackt
1 Chipotle-Chilischote aus der Dose, gehackt
125 ml trockener Weißwein
450 g Krabbenfleisch, zusätzlich etwas zum Garnieren
¼ Bund frischer Koriander, ohne Stängel, Blätter gehackt
Salz und frisch gemahlener schwarzer Pfeffer zum Abschmecken
700 ml Hühnerbouillon
700 ml Muschelbrühe
450 g Maismehl
225 g Frischkäse
Limetten-Spalten zum Garnieren

1 Olivenöl in einer großen Pfanne erhitzen. Auf mittlerer Flamme Zwiebel, Paprika und Tomate weich dünsten. Chipotle-Chili und Weißwein dazugeben und kochen, bis die Flüssigkeit fast ganz verkocht ist. Krabbenfleisch dazugeben und weitere 3 Minuten kochen.

2 Koriander dazugeben und mit Salz und Pfeffer würzen. Von der Kochstelle nehmen und beiseite stellen.

3 Hühnerbouillon und Muschelbrühe in einem großen Topf zum Kochen bringen. Maismehl einrühren und bei kleiner Hitze etwa 20 Minuten unter Rühren köcheln. Erhitzen und bei mittlerer Hitze Frischkäse einrühren. Gut umrühren. Weitere 10 Minuten kochen. Das Krabbenfleisch darauf verteilen und mit Limetten-Spalten garniert servieren.

Frituras de pescado

AUSGEBACKENE FISCHKÜCHLEIN

6-8 Portionen • Zubereitungszeit: 10 Minuten

140 g Mehl
1½ TL Backpulver
1 TL Salz
1 mittelgroßes Ei, geschlagen
175 ml Milch
1 TL trockener Weißwein
50 g gekochter Reis
300 g Thunfisch aus der Dose, abgetropft
Pflanzenöl zum Ausbacken

1 Mehl, Backpulver und Salz in eine Schüssel sieben.

2 Ei, Milch und Wein in einer anderen Schüssel verrühren. Mehlmischung dazugeben. Reis und Thunfisch dazugeben und vermischen.

3 Eine Pfanne 2,5 cm hoch mit Pflanzenöl füllen und auf 180 °C erhitzen (verwenden Sie zur Kontrolle ein Fett-Thermometer). Mit einem großen Kochlöffel die Küchlein formen und in das Öl geben. Auf beiden Seiten goldbraun ausbacken.

Langosta Criolla

LANGUSTE NACH KUBANISCHER ART

4 Portionen • Zubereitungszeit: 20 Minuten

1 EL Olivenöl
1 kleine weiße Zwiebel, gewürfelt
1 große rote Paprika, gewürfelt
3 Knoblauchzehen, fein gehackt
4 Langusten-Schwanzstücke, in 4 cm dicke runde Scheiben geschnitten
1 Dose (300 g) ganze Tomaten, gehackt
1 EL Tomatenmark
1 Lorbeerblatt
225 ml Sherry
2 eingelegte Paprika, gewürfelt
1 getrocknete Ancho-Chilischote
1 EL Worcestershire Sauce
¼ Bund frischer Koriander, ohne Stängel, gehackt
frisches Weißbrot zum Servieren
Limetten-Spalten zum Garnieren

1 Öl in einer großen Sautierpfanne erhitzen. Zwiebel, Paprika und Knoblauch etwa 4 Minuten bei mittlerer Hitze dünsten. Langusten, Tomaten, Tomatenmark und Lorbeerblatt dazugeben und 5 Minuten kochen.

2 Die Pfanne mit Sherry ablöschen. Eingelegte Paprika, Chilischote, Worcestershire Sauce und Koriander dazugeben und weitere 5 Minuten kochen. Mit Limetten garnieren. In flachen Schälchen mit Limetten-Spalten garniert servieren und dazu frisches Weißbrot reichen.

Pulpo a la gallega

OKTOPUS NACH GALICISCHER ART

4 Portionen • Zubereitungszeit: 1¾ Stunden

3 l Wasser, gesalzen
1 Zitrone, halbiert
1 mittelgroße weiße Zwiebel, geschält und halbiert
2 Lorbeerblätter
1 Bund frische Petersilie, eine Hälfte mit, die andere ohne Stängel gehackt
2 EL scharfe Chilisauce
1 Oktopus, 2,7 bis 3,5 kg (an den Tentakeln anfassen und mehrere Male auf die Arbeitsplatte klopfen, damit das Fleisch zart wird)
2 mittelgroße Kartoffeln, gewaschen
50 ml Olivenöl
3 Knoblauchzehen, geschält und in Scheiben geschnitten
½ mittelgroße weiße Zwiebel, in feine Scheiben geschnitten
3 TL Paprikapulver
1 kleines Bund frische Petersilie, fein gehackt
Salz und frisch gemahlener schwarzer Pfeffer zum Abschmecken

1 Wasser, Zitronenhälften, Zwiebelhälften, Lorbeerblätter, ganze Petersilienstängel, scharfe Sauce und Oktopus in einen großen Suppentopf geben und auf großer Flamme aufkochen. Etwa 1½ Stunden kochen bzw. bis der Oktopus weich ist. Kartoffeln die letzte halbe Stunde mitkochen.

2 Kartoffeln herausnehmen, beiseite stellen und auf Raumtemperatur abkühlen lassen. Oktopus herausnehmen und einige Minuten abkühlen lassen.

3 Den Oktopus häuten, während er noch heiß ist. Tinte und Saugnäpfe gründlich entfernen. Den Oktopus dabei nicht abspülen. Kühlen Sie Ihre Hände in einer mit Eiswasser gefüllten Schüssel. Gehäuteten Oktopus in 4 cm große Stücke schneiden und beiseite stellen.

4 Kartoffeln schälen und in 5 cm große Würfel schneiden. Olivenöl in einer mittelgroßen Sautierpfanne erhitzen. Knoblauch auf mittlerer Flamme anbraten. Zwiebel, Kartoffeln und Oktopus dazugeben. Dann Paprikapulver und Petersilie hinzufügen. Alles gut vermischen und mit Salz und Pfeffer abschmecken.

Escabeche de bonito

MARINIERTER THUNFISCH

4 Portionen • Zubereitungszeit: 15 Minuten, zzgl. Marinieren (über Nacht)

125 ml weißer Essig
175 ml extra natives Olivenöl
2 mittelgroße weiße Zwiebeln, in feine Scheiben geschnitten
1 mittelgroße grüne Paprika, in feine Streifen geschnitten
50 g Kapern
10 große grüne Oliven, entkernt und in Scheiben geschnitten
½ TL Paprikapulver
2 EL Olivenöl
1,3 kg Bonito-Thunfisch, gesäubert, ohne Gräten und in 2,5 cm dicke Scheiben geschnitten
2 Knoblauchzehen, in feine Scheiben geschnitten
Salz und frisch gemahlener schwarzer Pfeffer zum Abschmecken

1 Essig, Olivenöl, Zwiebeln, Paprika, Kapern, Oliven und Paprikapulver in einer Schüssel vermengen. Beiseite stellen.

2 2 Esslöffel Olivenöl in einer mittelgroßen Sautierpfanne erhitzen. Thunfisch und Knoblauch beidseitig 2 Minuten anbraten. Beiseite stellen.

3 Die im ersten Schritt zubereitete Marinade dazugeben und 4 Minuten kochen. Von der Kochstelle nehmen und mit Salz und Pfeffer abschmecken. In den Kühlschrank stellen und über Nacht marinieren. Mit Limetten-Spalten garnieren.

Fleisch und Geflügel

Pernil asado

GEBRATENE SCHWEINEKEULE

8 Portionen • Zubereitungszeit: etwa 3 Stunden zzgl. Marinieren (über Nacht)

2 EL getrockneter Oregano
175 ml frisch gepresster Bitterorangen-Saft
3 Knoblauchzehen, geschält und fein gehackt
50 ml natives Olivenöl extra
1 Schweinekeule (2,7 bis 3,5 kg)
10 ganze Knoblauchzehen, geschält
Grobkörniges Salz und frisch gemahlener schwarzer Pfeffer zum Abschmecken
225 g Schweineschmalz
Orangen-Spalten und frischer Oregano zum Garnieren

1 Oregano, Bitterorangen-Saft, gehackten Knoblauch und Olivenöl in einer Schüssel vermengen. Diese Marinade beiseite stellen.

2 Schweinekeule mit der Schwarte nach oben auf eine ebene Oberfläche legen. Mit einem scharfen Messer dreimal einritzen, ohne die Schwarte ganz durchzuschneiden. Mit den ganzen Knoblauchzehen spicken.

3 Die Marinade auf das Fleisch geben, einreiben und mit Salz und Pfeffer großzügig würzen. Die Keule zum Marinieren über Nacht in den Kühlschrank stellen.

4 Die Schweinekeule am nächsten Tag aus dem Kühlschrank nehmen. Den Ofen auf 180 °C vorheizen.

5 Die Keule in einen tiefen Bräter geben. Schweineschmalz und so viel Wasser dazugeben, dass der Boden des Bräters 2,5 cm hoch gefüllt ist. Abgedeckt etwa 2 Stunden braten bzw. bis die Innentemperatur 65 °C beträgt. Den Deckel abnehmen und weitere 30 Minuten braten bzw. bis die Innentemperatur 71 °C beträgt. Mit Orangen-Spalten und frischem Oregano garnieren. Dazu passen Tostones y maduros (*siehe* Seite 118) oder gekochter bzw. gebratener Maniok.

Chilindrón de cordero

LAMM-EINTOPF

4 Portionen • Zubereitungszeit: 3½ Stunden

Olivenöl zum Braten
1 Lammschulter (1,3 kg)
1 Tasse gehackte weiße Zwiebeln
4 Knoblauchzehen, fein gehackt
125 g Serrano Schinken, in Scheiben geschnitten
125 g Piquillo-Paprikaschoten
225 ml trockener (fino) oder halbtrockener (amontillado) Sherry
225 ml Ruby Port (Portwein)
225 ml trockener Weißwein
1 Dose ganze Tomaten (300 g)
1 Lorbeerblatt
2 Prisen frischer Rosmarin

1 Den Boden eines großen Topfes mit einer Schicht Öl bedecken und erhitzen. Das Lamm hineingeben und rundherum braun anbraten. Das Lamm herausnehmen. Zwiebeln, Knoblauch und Schinken hineingeben und dünsten, bis das Gemüse weich ist.

2 Paprikaschote dazugeben und die Pfanne mit Sherry, Port- und Weißwein ablöschen. Aufkochen, Hitze reduzieren und köcheln lassen, bis die Mischung bis auf die Hälfte eingekocht ist.

3 Das Lamm zurück in die Pfanne geben. Tomaten, Lorbeerblatt und Rosmarin hinzufügen und 3 Stunden köcheln. Mit frischem Reis und Kidneybohnen servieren.

Albondigas

KUBANISCHE FLEISCHBÄLLCHEN

4 Portionen • Zubereitungszeit: 1 Stunde

700 g Rinderhackfleisch
½ kleine weiße Zwiebel, geraspelt
½ kleine grüne Paprika, fein gehackt
2 Knoblauchzehen, fein gehackt
1 TL gemahlener Kreuzkümmel
1 TL getrockneter Oregano
1 Prise frisch gemahlener schwarzer Pfeffer
¼ TL Salz
1 mittelgroßes Ei
125 ml Milch
2 Scheiben Weißbrot, in kleine Stücke zerpflückt
Pflanzenöl zum Braten
1 l Salsa de tomate Cubana **(*siehe* Seite 64)**

1 Hackfleisch, Zwiebel, Paprika, Knoblauch, Kreuzkümmel, Oregano, schwarzen Pfeffer und Salz in einer Schüssel vermischen.

2 Eier und Milch in einer getrennten Schüssel schlagen. Brot in die Ei-Milch-Mischung tauchen und einweichen.

3 Das vollgesogene Brot zum Hackfleisch geben und mit den Händen vermischen. Das Fleisch zu mittelgroßen Bällchen formen. Die Fleischbällchen 1 Stunde lang kalt stellen.

4 Den Boden einer Pfanne mit einer Schicht Pflanzenöl bedecken. Fleischbällchen bei großer Hitze rasch anbraten, bis sie rundherum goldbraun sind.

5 In der Zwischenzeit die Salsa de tomate Cubana in einen mittelgroßen Topf geben. Fleischbällchen hineingeben und auf kleiner Flamme und bedeckt etwa 45 Minuten kochen. Mit frischer Pasta servieren.

Picadillo santiaguero

RINDERHACKFLEISCH NACH KUBANISCHER ART

4 Portionen • Zubereitungszeit: 45 Minuten

700 g Rinderhackfleisch (sehr gute Qualität)
1 TL getrockneter Oregano
1 TL gemahlener Kreuzkümmel
50 ml Olivenöl
2 Knoblauchzehen, fein gehackt
1 mittelgroße weiße Zwiebel, fein gehackt
1 kleine grüne Paprika, fein gehackt
125 ml trockener Weißwein
225 ml Tomatensauce
1 mittelgroße fest kochende Kartoffel, geschält und klein gewürfelt
8 grüne Oliven, entkernt und in Scheiben geschnitten
40 g Rosinen
Salz und frisch gemahlener schwarzer Pfeffer zum Abschmecken

1 Hackfleisch, Oregano und Kreuzkümmel in einer Schüssel gut vermischen.

2 Olivenöl in einer Pfanne erhitzen. Knoblauch, Zwiebel und Paprika darin weich dünsten. Fleisch, Wein und Tomatensauce dazugeben. Abgedeckt auf kleiner bis mittlerer Flamme etwa 15 Minuten köcheln.

3 Kartoffel dazugeben und abgedeckt weitere 15 Minuten kochen. Oliven und Rosinen dazugeben und ohne Deckel weitere 15 Minuten kochen bzw. bis die Flüssigkeit ganz eingekocht ist. Dabei darauf achten, dass das Fleisch saftig bleibt. Mit Salz und Pfeffer abschmecken.

Chuletas de cerdo al estilo Cubano

SCHWEINEKOTELETTS NACH KUBANISCHER ART

4 Portionen • Zubereitungszeit: 45 Minuten

50 ml Olivenöl
1,3 kg geräucherte Schweinekoteletts, jedes 1 cm dick
1 große weiße Zwiebel, gewürfelt
2 mittelgroße Cubanelle-Chilischoten, gewürfelt
2 eingelegte rote Paprika, gewürfelt
2 Knoblauchzehen, gehackt
1 Lorbeerblatt
125 ml trockener Weißwein
1 TL Weißweinessig
3 EL Tomatenmark
Salz und frisch geriebener schwarzer Pfeffer zum Abschmecken
¼ Bund Petersilie, ohne Stängel, gehackt

1 Den Ofen auf 180 °C vorheizen. Das Öl in einer mittelgroßen Pfanne erhitzen und die Schweinekoteletts etwa 1 Minute pro Seite rasch anbraten. Koteletts herausnehmen und in eine Bratpfanne geben. Beiseite stellen.

2 Zwiebel, Cubanelle-Chilischoten, eingelegte Paprika und Lorbeerblatt in derselben Pfanne anbraten. Bevor das Gemüse ganz weich ist, Wein und Essig dazugießen und aufkochen. Tomatenmark unterrühren. Mit Salz und Pfeffer würzen. Petersilie dazugeben und die Sauce über die Koteletts gießen. Etwa 20 Minuten braten. Dazu passen Moros y cristianos (*siehe* Seite 131) oder Congris oriental (*siehe* Seite 134).

Caldosa

BUNTER EINTOPF

6 Portionen • Zubereitungszeit: 1 Stunde

Olivenöl zum Braten
½ Hühnchen
225 g Schinken, gewürfelt
1 weiße Zwiebel, fein gehackt
1 mittelgroße Cubanelle-Chilischote, fein gehackt
2 Knoblauchzehen, gehackt
450 g Garnelen, gesäubert, aus der Schale gelöst und entdarmt
1 TL Worcestershire Sauce
¼ TL Paprikapulver
1 Lorbeerblatt
125 ml trockener Weißwein
1 EL Weißweinessig
4 mittelgroße Tomaten, gehackt
250 g weißer Reis
600 ml Hühnerbouillon

1 Den Boden einer Pfanne mit einer Schicht Öl bedecken und erhitzen. Das Hühnchen in 4 Teile schneiden und etwa 10 Minuten goldbraun anbraten. Den Schinken dazugeben und 2 Minuten anbraten, dann Zwiebel, Cubanelle-Chilischote und Knoblauch hinzufügen. 4 Minuten weich dünsten.

2 Garnelen mit Worcestershire Sauce und Paprikapulver würzen und zum Hühnchen geben. Lorbeerblatt, Wein, Essig, Tomaten, Reis und Hühnerbouillon dazugeben. Abgedeckt etwa 30 Minuten kochen bzw. bis der Reis weich ist. Die Konsistenz sollte am Ende die einer Suppe sein. Eine passende Beilage ist Reis.

Ropa vieja

RINDERGESCHNETZELTES MIT SHERRY

4-6 Portionen • Zubereitungszeit: $2\frac{1}{4}$ Stunden

1 Stück Rinderhüftsteak von 1,1 kg, längs halbiert
2 Lorbeerblätter
1 Möhre, in Scheiben geschnitten
2 weiße Zwiebeln, in Streifen geschnitten
1 EL getrockneter Oregano
1 mittelgroße rote Paprika, in feine Streifen geschnitten
1 mittelgroße grüne Paprika, in feine Streifen geschnitten
2 Knoblauchzehen, gehackt
2 EL Olivenöl
125 ml trockener Sherry (fino)
450 g ganze Tomaten aus der Dose
1 TL gemahlener Kreuzkümmel
Salz und frisch gemahlener Pfeffer zum Abschmecken

1 Steak, Lorbeerblätter, Möhre, eine Zwiebel und Oregano in einen großen Topf geben. Mit Wasser bedecken, zum Kochen bringen und dann 1 bis $1\frac{1}{2}$ Stunden leise köcheln. Das Fleisch abtropfen und abkühlen lassen und in 5 cm große Würfel schneiden. Das Fleisch dann mit den Händen zerteilen.

2 Zwiebel, Paprika und Knoblauch im Olivenöl in einer Pfanne weich dünsten. Mit Sherry ablöschen. Dann Tomaten und Kreuzkümmel dazugeben und 15 Minuten köcheln.

3 Das Fleisch dazugeben und weitere 30 Minuten köcheln. Mit Salz und Pfeffer abschmecken und mit Reis servieren.

Carne mechada

RINDER-EINTOPF NACH KUBANISCHER ART

4 Portionen • Zubereitungszeit: 2 Stunden, zzgl. 3 Stunden Marinieren

Saft 1 Bitterorange
1 Knoblauchzehe, fein gehackt
1 Stück Rindernuss oder Schwanzrolle von 1,3 kg
6 EL Olivenöl
125 g Schinken, in 1 cm dicke Stücke geschnitten
3 Streifen durchwachsener Speck, gewürfelt
2 große weiße Zwiebeln, fein gehackt
2 mittelgroße Cubanelle-Chilischoten, fein gehackt
50 ml Tomatenmark
Blätter von 1/4 Bund Petersilie, gehackt (ganze Stängel aufbewahren)
Salz und frisch gemahlener schwarzer Pfeffer zum Abschmecken
3 Lorbeerblätter
225 ml Rotwein
Petersilie zum Garnieren

1 Orangensaft und Knoblauch in einer Schüssel vermengen und beiseite stellen.

2 Mit einem scharfen Messer das Fleisch an beiden Enden vorsichtig einschneiden. Die Einschnitte sollten groß genug sein, um gefüllt werden zu können. Das Fleisch in eine Backform geben und mit der Orangensaft-Marinade übergießen. 2 bis 3 Stunden im Kühlschrank ziehen lassen.

3 3 Esslöffel Olivenöl in einer Pfanne erhitzen. Schinken und Speck darin braun anbraten. Zwiebeln und Paprika dazugeben und weitere 3 Minuten braten. Tomatenmark unterrühren und weitere 2 Minuten garen. Gehackte Petersilie dazugeben und umrühren. Auf Raumtemperatur abkühlen lassen.

4 Das Fleisch aus dem Kühlschrank nehmen und mit der Schinken-Speck-Mischung füllen. Mit Salz und Pfeffer würzen. Den Ofen auf 190 °C vorheizen.

5 Das restliche Öl in einem großen, ofenfesten Topf erhitzen. Das Fleisch rasch braun anbraten. Lorbeerblätter, Petersilienstängel und restliche Füllung dazugeben. Rotwein zugießen und bedeckt etwa im Ofen 11/2 Stunden schmoren. In Scheiben geschnitten und mit der entstehenden Sauce servieren. Mit Petersilie garnieren. Mit maduros und frischem weißem Reis servieren.

Vaca frita

KNUSPRIGES RINDERGESCHNETZELTES

4 Portionen • Zubereitungszeit: 25 Minuten

1,3 kg Hüftsteak
2 Lorbeerblätter
1 Möhre, in 3 Stücke geschnitten
1 mittelgroße Tomate, halbiert
½ EL Kreuzkümmel
½ EL getrockneter Oregano
50 ml Olivenöl
1 große Gemüsezwiebel, in feine Scheiben geschnitten
2 EL frischer gehackter Koriander
50 ml frisch gepresster Limettensaft
Salz und frisch gemahlener schwarzer Pfeffer zum Garnieren
frische Petersilie zum Garnieren

1 Fleisch, Lorbeerblätter, Möhre, Tomate, Kreuzkümmel und Oregano in einem mittelgroßen Topf mit Wasser bedecken. Aufkochen und 1 Stunde köcheln, bis das Fleisch gar ist. Von der Kochstelle nehmen, abtropfen lassen und das Fleisch schnetzeln.

2 Eine Pfanne erhitzen, bis sie sehr heiß ist, und 25 ml Olivenöl hineingeben. Das geschnetzelte Fleisch ins Öl geben und gleichmäßig in der Pfanne verteilen. Rundherum knusprig braten.

3 Das restliche Olivenöl in einer getrennten Pfanne erhitzen und die Zwiebel glasig anbraten. Fleisch, Koriander und Limettensaft untermischen. Mit Salz und Pfeffer abschmecken. Mit Petersilie garnieren. Dazu passen tostones.

Bistec a la plancha

BEEFSTEAK AUS DER PFANNE

4 Portionen • Zubereitungszeit: 10 Minuten, zzgl. Marinieren (3 Stunden)

4 Knoblauchzehen, fein gehackt
Saft von 3 Limetten
1 EL Olivenöl
1,3 kg Rinderlende, in feine Scheiben geschnitten
2 weiße Zwiebeln, in feine Scheiben geschnitten
Salz und frisch geriebener schwarzer Pfeffer zum Abschmecken
Olivenöl zum Braten
Yuca frita (*siehe* Seite 124) zum Servieren
Salatblätter und Limetten-Spalten zum Garnieren

1 Knoblauch, Limettensaft und Olivenöl in einer Schüssel vermengen.

2 Das Fleisch auf eine Platte geben, Zwiebeln darauf verteilen und mit der Limettensaft-Marinade übergießen. 3 Stunden im Kühlschrank ziehen lassen. Das Fleisch aus der Marinade nehmen, Marinade und Zwiebeln aufbewahren. Mit Salz und Pfeffer würzen.

3 Eine sehr große Pfanne erhitzen und den Boden mit einer Schicht Olivenöl bedecken. Das Fleisch 2 Minuten pro Seite anbraten, jedoch nicht zu viele Stücke in die Pfanne geben, damit die Temperatur während des Bratens sehr hoch bleibt.

4 Pfanne von der Kochstelle nehmen. Fleisch auf einer Platte anrichten und die Kochflüssigkeit in der Pfanne lassen. Die Marinade dazugießen und 4 Minuten kochen, bis die Zwiebeln glasig sind. Von der Kochstelle nehmen und die Zwiebeln mit der Sauce über das Fleisch geben. Yuca frita (*siehe* Seite 124) als Beilage servieren und mit Salatblättern und Limetten-Spalten garnieren.

Fricasé de conejo

KANINCHEN-FRIKASSEE

4 Portionen • Zubereitungszeit: 2 Stunden 10 Minuten

50 ml Olivenöl
8 Kaninchenkeulen
1 Gemüsezwiebel, fein gehackt
1 mittelgroße grüne Paprika, fein gehackt
2 Knoblauchzehen, gehackt
2 EL scharfes Paprikapulver
2 Lorbeerblätter
1 EL frischer Oregano, gehackt
225 ml ganze Tomaten aus der Dose, abgetropft und gehackt
225 ml trockener Sherry (fino)
225 ml Hühnerbouillon
2 große, fest kochende Kartoffeln, grob gewürfelt
50 g Kapern
85 g getrocknete Kirschen
125 g Erbsen, gekocht, zum Servieren
¼ Bund Petersilie, gehackt, zum Garnieren

1 Öl in einem großen Topf erhitzen. Kaninchenkeulen auf beiden Seiten braun anbraten. Zwiebel, Paprika und Knoblauch dazugeben und 10 Minuten braten. Paprikapulver, Lorbeerblätter, Tomaten, Sherry und Hühnerbouillon dazugeben und 1 Stunde kochen.

2 Kartoffeln, Kapern und getrocknete Kirschen dazugeben und eine weitere Stunde kochen bzw. bis die Kartoffeln gar sind. Mit Petersilie garnieren und mit Erbsen servieren.

Tasajo camagueyano

GESALZENES RINDFLEISCH IN WEISSWEIN

4 Portionen • Zubereitungszeit: 1¼ Stunden zzgl. Einweichzeit (über Nacht)

700 g in Salz haltbar gemachtes und getrocknetes Rindfleisch, ersatzweise Rindergeschnetzeltes
50 ml Olivenöl
1 mittelgroße weiße Zwiebel, fein gehackt
2 grüne Cubanelle-Chilischoten, fein gehackt
2 Knoblauchzehen, fein gehackt
450 ml Tomatensauce
125 ml Weißwein
125 ml Rinderbrühe
1 EL Weißweinessig
1 Lorbeerblatt
¼ TL gemahlener Kreuzkümmel
¼ TL gehackter frischer Oregano
gelber Reis als Beilage
frischer Oregano zum Garnieren

1 Das Fleisch in 5 cm große Würfel schneiden. Mit Wasser bedecken und über Nacht einweichen. Wenn Rindergeschnetzeltes verwendet wird, muss das Fleisch nur kurz angebraten werden.

2 Das Fleisch am nächsten Tag abtropfen. In einen großen Topf geben, mit Wasser bedecken und zum Kochen bringen. Etwa 45 Minuten kochen, bis das Fleisch zart ist. Kosten, ob das Wasser eventuell zu salzig ist und gegebenenfalls das Wasser wechseln. Das Fleisch abtropfen und so lange abkühlen lassen, bis es verarbeitet werden kann. Das Fleisch zerkleinern und beiseite stellen.

3 Olivenöl in einer großen Pfanne erhitzen. Zwiebel, Cubanelle-Chilischoten und Knoblauch darin weich dünsten. Tomatensauce, Weißwein, Rinderbrühe, Essig, Lorbeerblatt, Kreuzkümmel und Oregano dazugeben.

4 Das zerkleinerte Fleisch hinzufügen und auf kleiner Flamme etwa 25 Minuten abgedeckt kochen. Weitere 5 Minuten ohne Deckel kochen. Mit frischem Oregano garnieren und mit gelbem Reis servieren.

Rabo encendido

OCHSENSCHWANZ-EINTOPF

4 Portionen • Zubereitungszeit: 3¼ Stunden

125 g Mehl
50 g Cajun-Gewürzmischung
2,25 kg Ochsenschwanz, ca. 5 cm dicke Scheiben
3 EL Olivenöl
225 ml Tardio oder ein anderer süßer Dessertwein
1 große Gemüsezwiebel, gewürfelt
2 Möhren, gewürfelt
3 Stangen Sellerie, gewürfelt
3 Cubanelle-Chilischoten, in große Stücke geschnitten
225 ml Malbec oder ein anderer Rotwein
1 Dose ganze Tomaten (300 g), mit der Hand zerdrückt
3 Chipotle-Chilischoten in Adobo (Chipotles in einer leicht gewürzten Tomatensauce)
225 ml Pisco (ein lateinamerikanischer Weinbrand, ähnlich dem italienischen Grappa)
3 Lorbeerblätter
1 Bund frischer Thymian, Blätter gehackt
Salz und frisch gemahlener schwarzer Pfeffer zum Abschmecken
Gelber Reis zum Servieren
Thymianzweig zum Garnieren

1 Mehl und Cajun-Gewürzmischung mischen und die Ochsenschwanz-Scheiben mit einer Schicht der Mischung bedecken.

2 2 Esslöffel Olivenöl in einer Pfanne erhitzen. Fleisch auf beiden Seiten rasch anbraten und aus der Pfanne nehmen. Die Pfanne mit der Hälfte des Süßweins ablöschen, die andere Hälfte für spätere Verwendung aufbewahren.

3 Das restliche Olivenöl in einer getrennten Pfanne erhitzen. Zwiebel, Möhren, Sellerie und Cubanelle-Chilischoten anbraten, bis das Gemüse karamellisiert. Malbec dazugießen, um die Zutaten abzulöschen.

4 Ochsenschwanz zusammen mit dem restlichen Süßwein zum Gemüse geben. Tomaten, Chipotle-Chilischoten, Pisco, Lorbeerblätter und Thymian dazugeben. Auf kleiner Flamme etwa 3 Stunden köcheln lassen. Mit Salz und Pfeffer abschmecken. Mit gelbem Reis servieren und mit Thymianzweig garnieren.

Salpicón de jamón

KUBANISCHER SCHINKEN IN SHERRY-ESSIG

6 Portionen • Zubereitungszeit: 1 Stunde 50 Minuten

Olivenöl zum Braten
2 Möhren, in dicke Scheiben geschnitten
2 weiße Zwiebeln, geviertelt
3 EL Tomatenmark
900 g mild gesalzener Schinken, in 5 cm dicke Stücke geschnitten
900 g Räucherschinken, in 5 cm dicke Stücke geschnitten
2 Lorbeerblätter
225 ml Weißwein
10 Flaschentomaten, längs geviertelt
2 mittelgroße weiße Zwiebeln, in feine Scheiben geschnitten
4 Knoblauchzehen, in Scheiben geschnitten
1 Dose ganze geschälte Tomaten (300 g), mit der Hand zerdrückt
125 g sonnengetrocknete Tomaten, in feine Scheiben geschnitten
50 ml Sherry-Essig
Salz und frisch gemahlener schwarzer Pfeffer zum Abschmecken
Gebratene Kochbananen als Beilage

1 Den Boden einer großen Pfanne mit einer Schicht Olivenöl bedecken. Möhren und Zwiebeln darin weich dünsten. Tomatenmark unterrühren und köcheln, bis es karamellisiert.

2 Den gesamten Schinken, genügend Wasser, um ihn zu bedecken, Lorbeerblätter und den Wein dazugeben. Mischung aufkochen und etwa 11/2 Stunden köcheln lassen, bis das Fleisch sehr zart ist. Gegebenenfalls Wasser nachgießen. Von der Kochstelle nehmen, die Mischung abgießen und die Kochflüssigkeit aufbewahren. Den Schinken zerkleinern und beiseite stellen.

3 Den Boden einer mittelgroßen Pfanne mit einer Schicht Olivenöl bedecken. Flaschentomaten und Zwiebelscheiben etwa 4 Minuten bzw. glasig braten. Knoblauch hinzufügen, dann Tomaten aus der Dose und Essig dazugeben. 5 Minuten köcheln.

4 Den Schinken dazugeben und auf kleiner Flamme 15 Minuten köcheln. Ab und zu etwas der aufbewahrten Kochflüssigkeit zugießen, damit der Eintopf auch während des Kochens nicht zu sehr eindickt. Mit Salz und Pfeffer abschmecken und mit gebratenen Kochbananen servieren.

Masitas de cerdo fritas

FRITTIERTE SCHWEINEFLEISCHHAPPEN

4 Portionen • Zubereitungszeit: 15 Minuten zzgl. Einweichzeit (über Nacht)

1,3 kg Schweinefleisch, ohne Fett, in 4 cm dicke Würfel geschnitten
1 große weiße Zwiebel, in feine Streifen geschnitten
190 ml Marinado de naranja agria (*siehe* Seite 67)
Salz zum Abschmecken
Pflanzenöl zum Braten

1 Schweinefleisch, Zwiebel und Marinado de naranja agria in einer Schüssel vermischen. Über Nacht im Kühlschrank ziehen lassen. Das Schweinefleisch am nächsten Tag aus der Marinade nehmen, mit Salz würzen und beiseite stellen.

2 Eine Pfanne 2,5 cm hoch mit Pflanzenöl füllen. Das Öl auf mittlerer Flamme erhitzen, Schweinefleisch und Zwiebeln etwa 6 Minuten garen.

3 Stärker erhitzen, das Schweinefleisch mehrmals wenden, bis es auf beiden Seiten braun und knusprig ist. Dazu passen am besten tostones.

Beilagen und Reisgerichte

Tostones y maduros

FRITTIERTE SÜSSE UND GRÜNE KOCHBANANEN

4 Portionen • Zubereitungszeit: 15 Minuten, zzgl. Einweichzeit (2 Stunden)

Für die tostones und maduros

Pflanzenöl zum Braten
2 große reife Kochbananen (maduros), geschält und in diagonale Scheiben geschnitten
2 große grüne Kochbananen (tostones), geschält und in 4 cm dicke runde Scheiben geschnitten

Für die sauer eingelegten roten Zwiebeln

1 rote Zwiebel, in feine Ringe geschnitten
125 ml frisch gepresster Limettensaft

1 Eine Pfanne 2,5 cm hoch mit Pflanzenöl füllen und sehr stark erhitzen.

2 Für die maduros: Die reifen Kochbananen auf beiden Seiten golden frittieren, dabei mehrmals wenden. Auf einen Teller geben.

3 Für die tostones: Die grünen Kochbananen etwa 8 Minuten frittieren, dabei mehrmals wenden, bis sie ganz weich sind. Auf den Teller mit den reifen Kochbananen geben. Ein Handtuch drüberlegen und mit den Händen zerdrücken.

4 Das Öl erneut auf eine sehr hohe Temperatur erhitzen und die zerdrückten Kochbananen nochmals frittieren, bis sie auf beiden Seiten knusprig sind. Tostones und maduros auf einer Platte anrichten.

5 Für die sauer eingelegten Zwiebeln: Zwiebeln 2 Stunden lang im Limettensaft ziehen lassen. Über die Kochbananen geben und servieren.

Frituras de malanga

AUSGEBACKENE TAROWURZEL-HAPPEN

4-6 Portionen • Zubereitungszeit: 10-15 Minuten

450 g geschälte Malanga (Tarowurzel), geraspelt
½ TL Salz
⅛ Bund Petersilie, ohne Stängel, fein gehackt
½ mittelgroße weiße Zwiebel, geraspelt
1 mittelgroßes Ei, geschlagen
Pflanzenöl zum Ausbacken
frische Petersilie zum Garnieren

1 Malanga, Salz, Petersilie und Zwiebel in einer Schüssel vermischen. Das geschlagene Ei dazugeben und vermengen.

2 Pflanzenöl in einer Pfanne auf 180 °C erhitzen (verwenden Sie zur Kontrolle ein Fett-Thermometer). Die Happen mit einem Esslöffel formen, knusprig und goldbraun braten. Mit frischer Petersilie garniert servieren.

Fufú de plátanos moderno

KOCHBANANEN-BREI

4-6 Portionen • Zubereitungszeit: 30 Minuten

8 süße Kochbananen (auf keinen Fall zu reif), geschält und in 5 cm dicke Scheiben geschnitten

1 große weiße Zwiebel, fein gehackt

350 g durchwachsener Speck, fein gehackt

1 Kochbananen in einen großen Topf geben, mit Wasser bedecken und zum Kochen bringen. Etwa 25 Minuten weich kochen. Kochbananen abtropfen und durch ein Passiersieb streichen.

2 Zwiebel und Speck in einer Pfanne etwa 5 Minuten anbraten und den Speck auslassen. Speck-Zwiebel-Mischung zum Püree geben und gut vermischen.

Mazorca carboncilla

GEGRILLTE MAISKOLBEN

6 Portionen • Zubereitungszeit: 30 Minuten

6 Maiskolben mit Hüllblättern, lediglich die dunkelsten äußeren grünen Blätter entfernen

Gesalzene Butter zum Servieren

Salz zum Abschmecken

1 Maiskolben in Wasser tauchen, sodass die Hüllblätter feucht sind.

2 Den Mais auf dem Rost etwa 25 Minuten grillen, bis er weich ist. Dabei entsteht eine geringe Dampf- und Rauchbildung.

3 Vom Rost nehmen und die Hüllblätter vorsichtig abziehen. Die Kolbenenden als Griff benutzen und die Maiskolben zurück auf den Rost legen. Weitere 5 Minuten unter ständigem Wenden grillen. Mit Butter bestreichen, salzen und servieren.

Asopado de mariscos

REIS MIT MEERESFRÜCHTEN

6 Portionen • Zubereitungszeit: 3 Stunden

Olivenöl zum Braten
1 mittelgroße weiße Zwiebel, gehackt
1 mittelgroße grüne Paprika, gehackt
2 Hummer à 700 g (Kopf entfernen und aufbewahren, Schwanz in der Schale lassen und in 2,5 cm große Würfel schneiden, die Zangen aufbrechen)
225 g große Garnelen, geputzt, aus der Schale gelöst (Schale aufbewahren) und entdarmt
225 ml Tomatensauce aus der Dose
225 ml trockener Weißwein
2 Lorbeerblätter, zerbröselt
900 ml Muschelbrühe
900 ml Wasser
1 mittelgroße weiße Zwiebel, fein gehackt
1 mittelgroße grüne Paprika, fein gehackt
400 g weißer Kurzkornreis
24 kleine Venusmuscheln, gesäubert
24 Miesmuscheln, gesäubert
1 Prise Safran
225 g Jakobsmuscheln, gesäubert
½ Bund Culantro, fein gehackt
Salz und frisch gemahlener schwarzer Pfeffer zum Abschmecken

1 Eine große Pfanne mit einer hauchdünnen Schicht Olivenöl bedecken. Zwiebel und grüne Paprika darin weich dünsten.

2 Hummerköpfe und Garnelenschalen dazugeben und braten, bis sich die Schalen rot färben. Tomatensauce, Weißwein und ein Lorbeerblatt dazugeben. Muschelbrühe und Wasser dazugießen und mindestens 2 Stunden kochen. Abgießen und die Meeresfrüchte-Brühe aufbewahren.

3 Den Boden einer Pfanne mit einer Schicht Öl bedecken. Zwiebel und Paprika darin weich dünsten. Reis, Venus- und Miesmuscheln, das zweite Lorbeerblatt und eine Prise Safran dazugeben. Meeresfrüchte-Brühe dazugießen und etwa 20 Minuten kochen, bis der Reis weich ist.

4 Garnelen, Jakobsmuscheln und Hummer hinzufügen und etwa 8 Minuten kochen. Zuletzt Culantro dazugeben und mit Salz und Pfeffer abschmecken.

Yuca frita

KNUSPRIGE YUCCA-STÄBCHEN

4 Portionen • Zubereitungszeit: 45 Minuten

4 mittelgroße Yuccas (Maniok), geschält und in 5 cm dicke Stücke geschnitten (oder tiefgefrorene Yuccas verwenden)
50 ml natives Olivenöl extra
6 Knoblauchzehen, zerstoßen
1 große Gemüsezwiebel, fein gewürfelt
Pflanzenöl zum Braten
125 ml Bitterorangen-Saft oder 100 ml frisch gepresster Orangen- mit 25 ml frisch gepresstem Limettensaft gemischt
1 EL frischer gehackter Koriander
Salz zum Abschmecken

1 Yucca in einen Topf geben und mit Wasser bedecken. Etwa 30 Minuten weich kochen. Abtropfen lassen und beiseite stellen.

2 In einem kleinen Topf Olivenöl, Knoblauch und Zwiebel erhitzen, bis die Zutaten anfangen zu duften. Das aromatisierte Olivenöl in einer kleinen Schüssel abkühlen lassen.

3 Eine Pfanne 2,5 cm hoch mit Pflanzenöl füllen und stark erhitzen. Yucca unter mehrmaligem Wenden braun und knusprig braten. Herausnehmen und in eine Schüssel geben.

4 Orangensaft, Koriander und aromatisiertes Öl zu einem mojo vermengen. Yucca im mojo wenden und nach Geschmack salzen.

Yuca con mojo

YUCCA IN SCHARFER KNOBLAUCHSAUCE

4 Portionen • Zubereitungszeit: 45 Minuten

4 mittelgroße Yuccas (oder tiefgefrorene Yuccas verwenden), geschält und in 4 cm dicke Stücke geschnitten
4 große Gemüsezwiebeln, in feine Scheiben geschnitten
1 EL frischer gehackter Koriander
125 ml Bitterorangen-Saft oder 100 ml frisch gepresster Orangen- mit 25 ml frisch gepresstem Limettensaft gemischt
6 Knoblauchzehen, zerstoßen
50 ml natives Olivenöl extra
Orangen-Spalten zum Garnieren

1 Yucca in einen Topf geben und mit Wasser bedecken. Etwa 30 Minuten weich kochen. Abtropfen lassen, in eine Schüssel geben und beiseite stellen.

2 Zwiebeln, Koriander, Bitterorangen-Saft und Knoblauch in einer kleinen Schüssel vermengen und über die Yucca gießen.

3 Öl in einer Pfanne sehr stark erhitzen (jedoch nicht bis es raucht). Das heiße Öl über die Yucca gießen.

Arroz amarillo

SPANISCHER REIS

4 Portionen • Zubereitungszeit: 35 Minuten

4 EL Olivenöl
1 Gemüsezwiebel, gewürfelt
750 g weißer Langkornreis
1,4 l Wasser
Salz zum Abschmecken
2 Lorbeerblätter
¼ TL Kurkuma (Gelbwurz)

1 Olivenöl in einem mittelgroßen Topf auf mittlerer Flamme erhitzen. Zwiebel darin weich dünsten. Den Reis dazugeben und umrühren, bis alle Reiskörner mit Fett bedeckt sind.

2 Wasser dazugeben und zum Kochen bringen. Großzügig salzen, Lorbeerblätter und Kurkuma hinzufügen. Auf kleiner Flamme ohne Deckel etwa 20 Minuten kochen, bis der Reis die Flüssigkeit fast vollständig aufgesogen hat.

Arroz con pollo

REIS MIT HÜHNCHEN NACH KUBANISCHER ART

6-8 Portionen • Zubereitungszeit: 45 Minuten

Olivenöl zum Braten
1 ganzes Hühnchen (1,3 kg), in 8 Stücke zerteilt
1 große weiße Zwiebel, fein gehackt
1 grüne Paprika, fein gehackt
2 Knoblauchzehen, fein gehackt
125 ml Salsa de tomate Cubana (*siehe* Seite 64) oder Tomatensauce aus der Dose
125 ml trockener Weißwein
900 ml Wasser
½ TL Salz
½ TL gemahlener Kreuzkümmel
½ TL getrockneter Oregano
1 Lorbeerblatt
½ TL Kurkuma (Gelbwurz) oder ½ TL Safran
900 g weißer Langkornreis
350 ml Bier
150 g tiefgefrorene Erbsen
3 eingelegte rote Paprika, gewürfelt
50 ml natives Olivenöl extra

1 Den Boden eines großen Topfes mit einer Schicht Öl bedecken und auf großer Flamme erhitzen. Hühnchen, Zwiebel, Paprika und Knoblauch hineingeben und braten, bis die Hühnchenstücke goldbraun sind.

2 Tomatensauce, Wein und Wasser auf mittlerer Flamme aufkochen. Salz, Kreuzkümmel, Oregano, Lorbeerblatt und Kurkuma unterrühren. Anschließend den Reis dazugeben. Bei mittlerer Temperatur offen weiter kochen, bis der Reis die Flüssigkeit fast vollständig aufgesogen hat.

3 Bier, Erbsen und eingelegte Paprika dazugeben. Abgedeckt 20 Minuten kochen bzw. bis der Reis gar ist. Von der Kochstelle nehmen und natives Olivenöl zugießen. Vor dem Servieren 10 Minuten ruhen lassen.

Arroz con gandules

STRAUCHERBSEN-REIS

8-10 Portionen • Zubereitungszeit: 1 Stunde

6 Streifen durchwachsener Speck, gewürfelt
1 große weiße Zwiebel, gehackt
2 Cubanelle-Chilischoten, gewürfelt
2 Knoblauchzehen, fein gehackt
450 g Schinken, gewürfelt
3 EL Tomatenmark
2 Dosen Straucherbsen (à 425 g)
1,4 l Hühnerbouillon
Salz zum Abschmecken
1,2 kg Canilla- oder ein anderer Langkornreis
Bananenblätter (nach Belieben)

1 Speck in einer Pfanne anbraten und das Fett abgießen. Zwiebel, Chilis und Knoblauch dazugeben und bei mittlerer Hitze anbraten, bis das Gemüse goldbraun ist. Schinken dazugeben. Tomatenmark unterrühren und karamellisieren lassen.

2 Straucherbsen und Hühnerbouillon dazugeben und mit Salz würzen. Mischung aufkochen und den Reis unterrühren. Auf mittlerer Flamme kochen, bis der Reis die Flüssigkeit fast vollständig aufgesogen hat.

3 Wahlweise mit Bananenblättern oder einem Deckel abdecken und auf kleiner Flamme weitere 20 Minuten kochen, bis die Flüssigkeit vollständig eingekocht ist.

Pionono

KOCHBANANEN-RINDFLEISCH-KÜCHLEIN

6 Portionen • Zubereitungszeit: 15 Minuten

Pflanzenöl zum Ausbacken
4 süße Kochbananen, geschält und längs in 3 Scheiben geschnitten
Cocktailspieße
100 g Picadillo santiaguero (*siehe* Seite 99)
4 mittelgroße Eier, geschlagen
75 g Paniermehl
frische Petersilie zum Garnieren

1 Eine große Pfanne 2,5 cm hoch mit Pflanzenöl füllen und auf etwa 190 °C erhitzen. Kochbananen unter häufigem Wenden anbraten, bis sie beidseitig goldbraun sind.

2 Zwei Kochbananen-Scheiben auf einer ebenen Oberfläche zu einem Ring legen und die Enden mit Cocktailspießen befestigen. Der Kreis sollte auf einen Pfannenwender passen. Mit den anderen Scheiben wiederholen und insgesamt 6 Ringe bilden.

3 Den Picadillo jeweils in die Mitte der Ringe geben und fest andrücken, sodass die Kochbananen-Scheiben den äußeren Rand eines Küchleins bilden. Die Küchlein einzeln mit der Spachtel aufnehmen und nacheinander vorsichtig zunächst in den Eiern und dann in Paniermehl wenden. Beidseitig panieren.

4 Küchlein etwa 1 Minute pro Seite goldbraun braten. Mit Petersilie garnieren.

Moros y cristianos

REIS MIT KIDNEYBOHNEN

6 Portionen • Zubereitungszeit: 2 Stunden

225 g getrocknete Kidneybohnen
1 Cubanelle-Chilischote, halbiert
1 Lorbeerblatt
125 g durchwachsener Speck, gewürfelt
125 g Schinken, fein gehackt
50 ml Olivenöl
Salz zum Abschmecken
1 mittelgroße weiße Zwiebel, fein gehackt
1 mittelgroße grüne Paprika, fein gehackt
2 Knoblauchzehen, geschält und fein gehackt
1 EL Tomatenmark
1 TL getrockneter Oregano
1 TL gemahlener Kreuzkümmel
400 g weißer Langkornreis

1 Bohnen mit Cubanelle-Chilischote und Lorbeerblatt in einen großen Topf geben. Den Topf bis 5 cm über den Bohnen mit Wasser füllen. Abgedeckt zum Kochen bringen und etwa 1½ Stunden kochen lassen, bis die Bohnen weich sind. Abgießen und 600 ml der Kochflüssigkeit aufbewahren.

2 Speck und Schinken in eine große Pfanne geben und anbraten. Olivenöl, Zwiebel, Paprika und Knoblauch dazugeben und weich dünsten. Tomatenmark unterrühren und karamellisieren lassen.

3 Bohnen, Kochflüssigkeit, Oregano, Kreuzkümmel und Reis dazugeben. Mit Salz würzen. Aufkochen, abdecken und etwa 20 Minuten auf kleiner Flamme kochen. Vor dem Servieren mit einer Gabel auflockern.

Hallacas vegetarianas

VEGETARISCHE GEFÜLLTE MAISKOLBENBLÄTTER

5-6 Portionen • Zubereitungszeit: 1 Stunde

12 Maiskolben, ohne Hüllblätter und Fasern, Hüllblätter aufbewahren
Olivenöl zum Braten
3 Knoblauchzehen, fein gehackt
1 große weiße Zwiebel, fein gehackt
1 mittelgroße grüne Paprika, fein gehackt
125 ml Tomatensauce aus der Dose
2 EL Maismehl
Salz und frisch gemahlener schwarzer Pfeffer

1 Die Kerne von den Maiskolben trennen und die Kolben abschaben, um die „Maismilch" zu gewinnen. Beiseite stellen.

2 Einen Sofrito zubereiten, d.h. in einer Pfanne mit Olivenöl Knoblauch, Zwiebel und Paprika etwa 4 Minuten weich dünsten. Tomatensauce dazugeben und etwa 5 Minuten köcheln, bis die Flüssigkeit verdampft ist.

3 Maiskerne, Maismilch und Sofrito in einer Küchenmaschine vermischen. Maismehl dazugeben und pürieren, bis die Mischung glatt ist. Mit Salz und Pfeffer würzen.

4 2 Hüllblätter mit den spitzen Enden nach außen nebeneinander legen (die Mitte soll sich überlappen). 2 Esslöffel der Mais-Mischung in die Mitte der Hüllblätter geben. Hüllblätter einrollen und die Enden mit einer Kordel fest zubinden. Etwa 45 Minuten in gesalzenem Wasser kochen.

Congris oriental

REIS MIT SCHWARZEN BOHNEN

4 Portionen • Zubereitungszeit: 45 Minuten, zzgl. Einweichzeit (über Nacht)

225 g getrocknete schwarze Bohnen
1,1 l frisches Wasser
1 Lorbeerblatt
½ Cubanelle-Chilischote
Olivenöl zum Braten
1 mittelgroße weiße Zwiebel, fein gehackt
1 mittelgroße Cubanelle-Chilischote, gewürfelt
2 Knoblauchzehen, gehackt
½ TL getrockneter Oregano
400 g weißer Langkornreis
Salz zum Abschmecken
2 Knoblauchzehen, zerstoßen
4 EL Olivenöl

1 Bohnen über Nacht in etwas Wasser einweichen. Abgießen und das Wasser wegschütten.

2 Am nächsten Tag frisches Wasser, Bohnen, Lorbeerblatt und die halbe Cubanelle-Chili in einen großen Topf geben und zum Kochen bringen. Flamme herunterdrehen und bedeckt köcheln, bis die Bohnen weich sind. Chili herausnehmen, abgießen und Kochflüssigkeit aufbewahren (wenn nötig Wasser hinzugeben, damit die Kochflüssigkeit 900 ml ergibt).

3 Den Boden eines großen Topfes mit einer Schicht Olivenöl bedecken. Zwiebel, Chili, Knoblauch und Oregano etwa 4 Minuten bzw. glasig dünsten.

4 Reis, Bohnen, Kochflüssigkeit und Salz dazugeben und aufkochen. Temperatur senken und abgedeckt kochen, bis der Reis weich ist.

5 Den zerstoßenen Knoblauch in einer getrennten Pfanne in 4 Esslöffeln Olivenöl braun anbraten. Knoblauch herausnehmen und zum Reis geben. Nach Geschmack Essig dazugeben und vor dem Servieren mindestens 1 Stunde ruhen lassen.

Arroz Cubano

WEISSER REIS NACH KUBANISCHER ART

4 Portionen • Zubereitungszeit: 45 Minuten

Ein 5 cm dickes Stück Rückenspeck vom Schwein (tocino), in 4 Stücke geschnitten
4 EL Olivenöl
750 g weißer Langkornreis
1,4 l Wasser
Salz zum Abschmecken
2 Lorbeerblätter

1 Speck in einem mittelgroßen Topf in Olivenöl anbraten und auslassen. Reis dazugeben und umrühren, bis alle Reiskörner mit Fett bedeckt sind.

2 Wasser dazugeben und aufkochen. Großzügig salzen und Lorbeerblätter dazugeben. Unbedeckt auf mittlerer Flamme kochen und ab und zu umrühren, bis der Reis die Flüssigkeit fast vollständig aufgesogen hat. Abdecken und auf kleiner Flamme etwa 20 Minuten kochen, bis der Reis weich ist.

Platános en tentación

GEBACKENE SÜSSE KOCHBANANEN

4 Portionen • Zubereitungszeit: 20 Minuten

200 g Zucker
25 g gemahlener Zimt
4 süße Kochbananen, geschält und längs halbiert

1 Den Ofen auf 190 °C vorheizen. Zucker und Zimt in einer Schüssel vermischen. Kochbananen mit der Zucker-Zimt-Mischung bestreuen.

2 In einer Backform etwa 20 Minuten backen.

Platános en tentación

Pan de boniato

KUBANISCHES SÜSSKARTOFFEL-BROT

6-8 Portionen • Zubereitungszeit: 55 Minuten

175 g Mehl
1 EL Zucker
5 TL Backpulver
½ TL Salz
2 mittelgroße Eier
225 ml Milch
etwa 4 Boniatos (kubanische weiße Süßkartoffeln), gekocht und püriert
125 g zerlassene Butter

1 Den Ofen auf 200 °C vorheizen. Eine Kastenform (für 900 g) einfetten und mit Mehl bestreuen.

2 Mehl, Zucker, Backpulver und Salz dreimal zusammen durch ein Sieb geben.

3 In einer anderen Schüssel die Eier schlagen und die Milch nach und nach dazugießen. Den pürierten Boniato unterrühren, bis alle Zutaten verbunden sind. Das Mehl und die Boniato-Mischung verrühren, dann die zerlassene Butter zugeben. Nicht zu stark durchmischen.

4 Mischung in die Kastenform füllen und 55 Minuten backen.

Desserts

Boniato anaranjado

KANDIERTE SÜSSKARTOFFELN MIT ORANGENAROMA

4 Portionen • Zubereitungszeit: 1 Stunde

4 Boniatos (kubanische weiße Süßkartoffeln), geschält und mittelgroß gewürfelt
Saft und Schale einer Orange
125 g Sandzucker oder Kastorzucker
4 mittelgroße Eigelb
2 EL trockener Weißwein
1 EL Butter
Gemahlener Zimt, Orangenschale und Orangen-Spalten zum Garnieren

1 Boniatos in einen großen Topf geben. Mit Wasser bedecken und zum Kochen bringen. Etwa 20 Minuten kochen, bis sie weich sind. Von der Kochstelle nehmen und abgießen. Die Kochflüssigkeit aufbewahren.

2 Boniatos in einem Mixer pürieren und je nach Bedarf Kochflüssigkeit dazugießen, damit das Püree nicht zu trocken ist wird. Orangenschale, Orangensaft und Zucker dazugeben und pürieren, bis sich alle Zutaten gut vermischt haben.

3 Püree in die Mitte eines Topfes geben. Unter Rühren aufkochen, bis die Mischung einzudicken beginnt. Von der Kochstelle nehmen und Eigelb unterrühren.

4 Die Pfanne wieder auf die Kochstelle stellen, Wein und Butter dazugeben. Weiter kochen, bis die Mischung eine halbfeste Konsistenz hat. Von der Kochstelle nehmen. Mit gemahlenem Zimt, Orangenschalen-Streifen und Orangen-Spalten garnieren.

Pudín de pan

KUBANISCHER BROTPUDDING

8 Portionen • Zubereitungszeit: 1¼ Stunden

880 g Raffinadezucker
Butter zum Einfetten
450 g Scheiben Weißbrot oder Baguette
4 mittelgroße Eier
1 TL Vanilleessenz
1 TL gemahlener Zimt
125 g Butter, geschmolzen
700 ml Milch
¼ TL Salz
2 EL trockener Weißwein
2 EL Weinbrand
175 g Rosinen
50 g Mandelblättchen

1 Den Ofen auf 190 °C vorheizen. 600 g des Zuckers in einem Topf auf mittlerer Flamme erhitzen. Vorsichtig mit einem Holzlöffel verrühren, bis der Zucker karamellisiert. Von der Kochstelle nehmen und sofort in eine eingefettete Backform gießen. Beiseite stellen.

2 Brot in einer Küchenmaschine zu groben Brotkrumen verarbeiten.

3 Eier, Vanille, Wein, Weinbrand, Rosinen und Mandeln in einer Schüssel vermengen. Etwa 1 Stunde backen. Um zu testen, ob der Pudding gar ist, mit einer Messerklinge in die Mitte des Puddings stechen. Bleibt das Messer sauber, ist der Pudding fertig. Aus dem Ofen nehmen und abkühlen lassen. Gekühlt servieren.

Pasteles de guayaba y queso

GUAVEN-KÄSE-TASCHEN

Ergibt 12 große oder 24 kleineTaschen • Zubereitungszeit: 25 Minuten

450 g Frischkäse
450 g weiche Butter
450 g Mehl
700 g Guavenpaste
Zucker zum Bestreuen

1 Frischkäse, Mehl und Butter glatt rühren. In Frischhaltefolie einwickeln und mindestens 30 Minuten kalt stellen. Ofen auf 190 °C vorheizen.

2 Den Teig zu einem 5 mm dicken Quadrat ausrollen. In 12 Quadrate für größere Taschen bzw. 24 Quadrate für kleinere Taschen schneiden.

3 Je einen Esslöffel Guavenpaste auf jedes Quadrat, knapp neben die Mitte, geben. Quadrate diagonal über die Paste zu Dreiecken umklappen. Enden fest zusammendrücken.

4 Die Taschen auf ein Backblech legen und mit einer dünnen Schicht Zucker bestreuen. Etwa 25 Minuten backen, bis alle Seiten gleichmäßig braun sind.

Buñuelos de boniato y yuca

KUBANISCHE SÜSSKARTOFFEL-YUCCA-KRAPFEN

6 Portionen • Zubereitungszeit: 50 Minuten

Wasser zum Kochen
450 g Yucca (Maniok), geschält und gewürfelt
225 g Boniatos (kubanische weiße Süßkartoffeln), geschält, geputzt und gewürfelt
225 g Süßkartoffeln (Bataten), geschält, geputzt und gewürfelt
2 kleine Eier, geschlagen
½ TL Salz
½ TL Sternanis-Samen
Mehl
400 g Raffinadezucker
225 ml Wasser
geriebene Schale 1 Zitrone
Saft ½ Zitrone
2 Zimtstangen
3 Sternanis
Pflanzenöl zum Ausbacken

1 Yucca, Boniatos und Süßkartoffeln mit etwas Wasser in einem mittelgroßen Topf zum Kochen bringen. Kochen lassen, bis alles weich ist. Aus dem Topf heben und abtropfen lassen.

2 Yucca, Boniatos und Süßkartoffeln mit den Händen zerdrücken. Beiseite stellen.

3 Eier, Salz und Sternanis-Samen vermengen und zum Püree geben. Genügend Mehl dazugeben, um eine teigähnliche Konsistenz zu erhalten. Zu 2,5 cm großen Bällchen formen und beiseite stellen.

4 Zucker, Wasser, Zitronenschale- und saft, Zimtstangen und Sternanis in einen Topf geben und aufkochen. Sobald alle Zutaten verbunden sind und der Zucker sich aufgelöst hat, von der Kochstelle nehmen. Den Zuckersirup kalt stellen, bis dieser erstarrt.

5 Pflanzenöl in einer Pfanne auf 190 °C erhitzen (verwenden Sie zur Kontrolle ein Fett-Thermometer). Die Bällchen darin goldbraun ausbacken. Aus dem Öl nehmen und abkühlen lassen. Mit Zuckersirup servieren.

Majarete

MAISBREI

4-6 Portionen • Zubereitungszeit: 30 Minuten

10 Maiskolben, ohne Hüllblätter und Fasern
900 ml Milch
400 g Raffinadezucker
1 TL gemahlener Zimt, zusätzlich etwas zum Garnieren
Salz zum Abschmecken

1 Vorsichtig die Maiskerne von den Kolben abtrennen.

2 Mais und die Hälfte der Milch in einem Mixer vermischen. Die Mischung durch ein feines Sieb abseihen und mit einer Suppenkelle oder einem großen Vorlegelöffel herunterdrücken, um die Flüssigkeit aus den Maiskernen zu pressen.

3 Übrige Milch, Zucker, Zimt und nach Geschmack Salz zur abgeseihten Mischung geben. In einem Topf auf kleiner Flamme unter rühren kochen, bis sie cremig ist.

4 Auf eine Platte geben, mit gemahlenem Zimt bestäuben und servieren.

Dulce de leche

KARAMELLISIERTE MILCH

8 Portionen • Zubereitungszeit: 3 Stunden

3 l Milch
600 g Zucker
3 EL Weißweinessig
Queso blanco oder Frischkäse
karamellisiertes Obst

1 Milch und Zucker in einen großen Topf geben und aufkochen.

2 Essig dazugeben. Er bewirkt, dass sich die Milch-Zucker-Mischung aufspaltet. Etwa 3 Stunden kochen, bis die Flüssigkeit verdampft ist und die festen Bestandteile karamellisiert sind. Kalt mit Queso blanco, karamellisiertem Obst oder beidem servieren.

Dulce de cascaras

KANDIERTE ZITRUSFRUCHTSCHALEN

6-8 Portionen • Zubereitungszeit: 2 Stunden, zzgl. Einweichzeit (24 Stunden)

3 große reife Grapefruits
Wasser
Salz
400 g Raffinadezucker
900 ml Wasser
Gouda oder Frischkäse zum Servieren

1 Grapefruit vierteln und schälen. Möglichst viel der weißen Haut entfernen. Die Schalen 24 Stunden in kaltem, gesalzenem Wasser bedeckt stehen lassen und das Wasser regelmäßig wechseln, um die Bitterstoffe zu entfernen.

2 Die Schalen am nächsten Tag abgießen und das Wasser wegschütten. Schalen in einen großen Topf mit viel frischem, kaltem Wasser geben und auf mittlerer Flamme aufkochen. Das Wasser wegschütten, sobald es kocht, und die Prozedur wiederholen.

3 Schalen abgießen und mit Küchenpapier trocken tupfen. In einen großen Topf mit Zucker und 900 ml Wasser geben. Unbedeckt auf kleiner Flamme etwa 1½ bis 2 Stunden kochen, bis die Schalen weich und glasig sind und der Sirup eindickt.

4 Schalen und Sirup auf Raumtemperatur abkühlen lassen. In eine Schüssel geben und bedeckt kühlen. Kalt und mit Gouda oder Frischkäse servieren.

Turrón de coco

KOKOSMAKRONEN

4-6 Portionen • Zubereitungszeit: 25 Minuten

Butter zum Einfetten
4 mittelgroße Eier
100 g Raffinadezucker
Schale 1 Zitrone
125 g Kokosraspeln
40 g Mehl
125 g zerlassene Butter

1 Den Ofen auf 190 °C vorheizen. Ein Backblech mit Butter einfetten.

2 Eier und Zucker in einer Schüssel so lange schlagen, bis sich das Volumen verdoppelt hat. Zitronenschalen unterrühren.

3 Kokosraspeln, Mehl und zerlassene Butter in einer getrennten Schüssel vermengen. Kokos-Mischung zu den Eiern geben und gründlich schlagen.

4 Mischung in eine Gebäckspritze ohne Tülle füllen. Mittelgroße Makronen auf das Backblech spritzen und 25 Minuten backen.

Dulce de papaya

KARAMELLISIERTE PAPAYA

4 Portionen • Zubereitungszeit: 40 Minuten

3 grüne Papayas, geschält und gewürfelt
400 g hellbrauner Zucker
¼ TL Salz
geriebene Schale 1 Zitrone
3 Zimtstangen
1 TL Vanilleessenz
Frischkäse zum Servieren
Minzeblätter zum Servieren

1 Alle Zutaten in einen großen Topf geben und auf mittlerer Flamme etwa 30 Minuten bedeckt kochen.

2 Von der Kochstelle nehmen, Deckel abnehmen, bis die Flüssigkeit nicht mehr sprudelt, und zurück auf die Kochstelle stellen. Bei kleiner Flamme kochen, bis die Papaya glasieren, von der Kochstelle nehmen und abkühlen lassen. Gekühlt mit Minzeblättern garniert und mit Frischkäse servieren.

Churros

FRITTIERTES SPRITZGEBÄCK

4 Portionen • Zubereitungszeit: 12 Minuten

Für das Spritzgebäck

1,1 l Wasser
225 g Butter
2 TL Salz
125 g Raffinadezucker
600 ml Maisöl
2 TL Vanilleessenz
1 TL Muskatnuss
550 g Mehl
8 mittelgroße Eier

Für den Zimtzucker

125 g Raffinadezucker
6 EL gemahlener Zimt

Für den chocolate caliente

900 ml Milch
225 g Bitterschokolade bester Qualität, grob gehackt
50 g Zucker

1 In einer Pfanne Wasser, Butter, Salz, Zucker, 125 ml des Maisöls, Vanille und Muskatnuss erhitzen. Auf großer Flamme aufkochen, bis es sprudelt.

2 Temperatur senken, das Mehl und ein Ei nach dem anderen unterrühren. Kräftig umrühren, bis die Mischung zu einem Ball wird. Weiter schlagen, bis die Mischung glatt ist. Von der Kochstelle nehmen und den Teig in der Pfanne auf Raumtemperatur abkühlen lassen.

3 Den Teig in eine Gebäckspritze mit Sterntülle füllen. Das restliche Maisöl in einer großen Pfanne auf 190 °C erhitzen. Den Teig in langen Streifen direkt ins heiße Öl spritzen. Von allen Seiten goldbraun braten. Beiseite stellen und abkühlen lassen.

4 Für den Zimtzucker: Zucker und Zimt in einer kleinen Schüssel vermischen. In einem luftdichten Behälter aufbewahren.

5 Für den chocolate caliente: Milch in einem Topf zum Kochen bringen. Schokolade und Zucker dazugeben. Unter Rühren auf mittlerer Flamme erhitzen, bis die Schokolade geschmolzen ist und der Zucker sich aufgelöst hat.

6 Das abgekühlte Gebäck mit Zimtzucker bestreuen und mit chocolate caliente servieren.

Mermelada de mango

MANGO-MARMELADE

4 Portionen • Zubereitungszeit: 45 Minuten

6 große Mangos, geschält und in Scheiben geschnitten
225 ml Wasser
Sandzucker oder Kastorzucker
Frischkäse zum Servieren

1 Mangos und Wasser in einen Topf geben und aufkochen.

2 Von der Kochstelle nehmen. Mangos und Kochwasser in einem Mixer pürieren. Das Püree abseihen.

3 Das Püree abwiegen, in einen Topf geben und die gleiche Menge Zucker dazugeben.

4 Auf kleiner Flamme erhitzen, bis das Püree kocht und eindickt. Dabei ständig umrühren, damit die Mischung nicht festklebt. Von der Kochstelle nehmen und auf Raumtemperatur abkühlen lassen. Gekühlt mit Frischkäse servieren.

Natilla de chocolate

SCHOKOLADENPUDDING

6 Portionen • Zubereitungszeit: 35 Minuten

3 l Milch
1 Zimtstange
¼ TL Salz
8 mittelgroße Eigelb
250 g Raffinadezucker
4 EL Mehl
50 ml Wasser
225 g Bitterschokolade
1 TL Vanilleessenz
Schlagsahne zum Servieren
gesplitterte Zimtstangen zum Garnieren

1 Milch, Zimt und Salz in einem Topf aufkochen. Von der Kochstelle nehmen und beiseite stellen.

2 Eigelb und Zucker in einer Schüssel schlagen.

Natilla de chocolate

3 Das Mehl in einer getrennten Schüssel in Wasser auflösen und zur Eigelb-Mischung geben. Gekochte Milch hinzufügen und in einen Topf abseihen.

4 Mischung auf mittlerer Flamme erhitzen und unter Rühren die Schokolade dazugeben, bis die Schokolade schmilzt und die Mischung eine dickliche Konsistenz hat. Vanille unterrühren. In kleine Schalen gießen und kühlen. Mit ein wenig Schlagsahne und Zimtstangen-„Spänen“ garniert servieren.

Arroz con leche

MILCHREIS

4 Portionen • Zubereitungszeit: 40 Minuten

125 g weißer Langkornreis, gewaschen
450 ml Wasser
½ TL Salz
geriebene Schale einer Zitrone
3 Zimtstangen
1 Dose Kondensmilch (300 g)
200 g Raffinadezucker
1 TL Vanilleessenz
gemahlener Zimt zum Garnieren

1 Reis, Wasser, Salz, Zitronenschale und Zimtstangen auf mittlerer Flamme etwa 15 Minuten kochen.

2 Sobald der Reis anfängt aufzugehen, Kondensmilch und Zucker dazugeben. Unter Rühren auf kleiner Flamme kochen, bis die Mischung cremig wird. Zitronenschalen entfernen und Zimtstangen aufbewahren.

3 Von der Kochstelle nehmen und Vanille dazugeben. In kleinen Schälchen servieren, mit gemahlenem Zimt und Zimtstangen garnieren. Dazu passt Mermelada de mango (*siehe* Seite 152).

Panetela del trópico

KUBANISCHER OBSTKUCHEN

8-10 Portionen • Zubereitungszeit: 45 Minuten

600 g Raffinadezucker
225 ml Wasser
geriebene Schale 1 Zitrone
der Saft ½ Zitrone
2 Zimtstangen
3 Sternanis
4 mittelgroße Eier, getrennt
125 g Mehl, gesiebt
1 große Mango, geschält und in feine Scheiben geschnitten
1 kleine Ananas, geschält und in feine Scheiben geschnitten
1 Banane, geschält und diagonal in Scheiben geschnitten
Butter zum Einfetten
85 g hellbrauner Zucker
125 g Butter
gemahlener Zimt zum Bestäuben

1 400 g des Zuckers, Wasser, Zitronenschale, Zimtstangen und Sternanis in einem Topf aufkochen. Sobald alle Zutaten ganz verbunden sind und sich der Zucker aufgelöst hat, von der Kochstelle nehmen und den Sirup beiseite stellen. Den Ofen auf 190 °C vorheizen.

2 Eiweiß in einer Schüssel zu einer fast baiserartigen Konsistenz schlagen. Den übrigen Zucker langsam unterheben.

3 Eigelb nacheinander unter das geschlagene Eiweiß mischen. Langsam das Mehl dazugeben und mit den Händen zu einem dünnen Teig vermischen.

4 Das Obst – zuerst die Mango, dann die Ananas und anschließend die Banane in einer eingefettete 23 x 23 cm großen Backform aufschichten. Den dünnen Teig über das Obst geben und etwa 30 Minuten backen. Um zu testen, ob der Kuchen gar ist, mit einer Messerklinge in die Mitte stechen. Bleibt das Messer sauber, ist der Kuchen fertig. Aus dem Ofen nehmen.

5 Braunen Zucker und Butter in einer kleinen Pfanne verrühren und auf kleiner Flamme etwa 5 Minuten erhitzen, bis ein Sirup entsteht.

6 Den Kuchen, sobald er abgekühlt ist, auf eine Kuchenplatte stürzen. Mit Sirup übergießen und mit gemahlenem Zimt bestäuben.

Torrejas

KUBANISCHER SÜSSER TOAST MIT STERNANIS-SIRUP

4-6 Portionen • Zubereitungszeit: 40 Minuten

Für den Toast

Baguette (1 Tag alt) oder ein anderes knuspriges Weißbrot, in 2,5 cm dicke Scheiben geschnitten
225 ml Milch
50 g Raffinadezucker
125 ml Sherry
125 ml Portwein
4 mittelgroße Eier, geschlagen
1 TL gemahlener Zimt
Pflanzenöl zum Ausbacken

Für den Zuckersirup

400 g Raffinadezucker
225 ml Wasser
geriebene Schale 1 Zitrone
der Saft ½ Zitrone
2 Zimtstangen
3 Sternanis
Zitronenschale in Streifen zum Garnieren

1 Das Brot auf einem Backblech verteilen und beiseite stellen.

2 Milch und Zucker in einer Schüssel verrühren. Die Milch mit einem Löffel auf die Brotscheibe geben. Darauf achten, dass das Brot gleichmäßig getränkt wird. Mit Sherry und anschließend mit dem Portwein wiederholen.

3 Mit Zimt bestreuen und 10 Minuten beiseite stellen.

4 Den Boden einer Pfanne mit einer Schicht Pflanzenöl bedecken. Das Brot in die Eier tauchen. Auf mittlerer Flamme beidseitig goldbraun braten. Dabei nur einmal wenden und darauf achtend, dass die Scheiben ganz bleiben. Von der Kochstelle nehmen, beiseite stellen und auf Raumtemperatur abkühlen lassen.

5 Für den Zuckersirup: Alle Sirup-Zutaten in einen Topf geben und auf mittlerer Flamme aufkochen. Sobald alle Zutaten gut vermischt sind und sich der Zucker vollständig aufgelöst hat, von der Kochstelle nehmen und auf Raumtemperatur abkühlen lassen. Den Zuckersirup über das Brot geben und kalt stellen. Gut gekühlt und mit Orangenschalen-Streifen garniert servieren.

Flan

GESTOCKTER MILCHPUDDING

6-8 Portionen • Zubereitungszeit: 1 Stunde

200 g Sandzucker oder Kastorzucker
750 ml Kondensmilch
4 mittelgroße Eier
1 TL Vanilleessenz

1 Den Ofen auf 180 °C vorheizen. Einen Topf auf kleiner Flamme erhitzen. Zucker hineingeben und mit einem Holzlöffel verrühren, bis der Zucker schmilzt und hell karamellfarben ist. Das Karamell in eine 23 cm große Backform gießen und beiseite stellen.

2 Kondensmilch, Eier und Vanille in einem Mixer vermischen.

3 Mischung in die Backform mit dem Karamell geben. Die Backform in eine größere, mit Wasser gefüllte Backform hineinstellen. Etwa 1 Stunde backen. Um zu testen, ob der Pudding gar ist, mit einer Messerklinge in die Mitte des Puddings stechen. Bleibt das Messer sauber, ist der Pudding fertig.

4 Aus dem Ofen nehmen, auf Raumtemperatur abkühlen lassen und vor dem Servieren 1 Stunde kalt stellen. Zum Servieren auf eine Platte stürzen.

Kaffee und Drinks

Café Cubano

1 Tasse • Zubereitungszeit: 2 Minuten

kaltes Wasser
1 EL gemahlener Espresso pro kleine Tasse (9 cl) Wasser
Zucker

1 Den Kessel einer Espressokanne mit frischem, kaltem Wasser fast bis zum Filtereinsatz füllen.

2 Das Sieb mit gemahlenem Espresso füllen, in den Kessel setzen und den oberen Behälter der Kanne aufschrauben.

3 Dic Espressokanne auf den Herd stellen und bei mittlerer Hitze aufbrühen bis das Sprudeln des Wassers nicht mehr zu hören und der oberen Behälter gefüllt ist. Die Espressokanne von der Kochstelle nehmen.

4 Eine kleine Tasse zu drei Viertel mit Kaffee füllen, dabei ausreichend Platz für den Zucker lassen.

5 Den Zucker dazugeben und gut umrühren, sodass sich auf der Oberfläche Schaum bildet.

Café jengibre

1 Tasse • Zubereitungszeit: 4 Minuten

1 TL gemahlener Espresso
¼ TL gemahlener Ingwer
kaltes Wasser
225 ml heiße, dampfende Milch
1 TL Honig

1 Gemahlenen Kaffee und Ingwer vermischen.

2 Espressomischung in den Filter einer Espressokanne füllen und in den mit Wasser gefüllten Kessel setzen. Das Oberteil fest aufschrauben und auf mittlerer Flamme erhitzen, bis das Sprudeln des Wassers nicht mehr zu hören ist.

3 Milch in eine Kaffeetasse geben und den aufgebrühten Espresso eingießen. Honig unterrühren.

Café Cubano

Café con leche

Café con leche

1 Tasse • Zubereitungszeit: 4 Minuten

175 ml heiße, dampfende Milch
1 Tasse frisch aufgebrühter Café Cubano (*siehe* Seite 161)
Zucker, nach Geschmack

Milch in eine Kaffeetasse gießen. Eine Tasse Café Cubano dazugeben und mit Zucker süßen.

Café flameado

1 Tasse • Zubereitungszeit: 2 Minuten

175 ml frisch aufgebrühter Café Cubano (*siehe* Seite 161)
1 TL Zucker
weißer Rum, nach Geschmack

1 Café Cubano und Zucker in eine Kaffeetasse geben und umrühren.

2 Rum auf einen Vorlegelöffel geben und sehr vorsichtig entzünden. Den brennenden Rum direkt in die Tasse geben, ohne die Flamme erlöschen zu lassen.

Rocio de gallo

Rocio de gallo

1 Tasse • Zubereitungszeit: 2 Minuten

175 ml frisch aufgebrühter Café Cubano (*siehe* Seite 161)
50 ml weißer Rum
Zucker, nach Geschmack

Frisch aufgebrühten Espresso in ein hitzebeständiges Glas eingießen. Rum dazugeben und nach Geschmack mit Zucker süßen.

Avispa

1 Tasse • Zubereitungszeit: 4 Minuten

90 ml heiße, dampfende Milch
1 Tasse frisch aufgebrühter Café Cubano (*siehe* Seite 161)
1 TL Zucker
2 Gewürznelken
50 ml weißer Rum

1 Milch in eine Kaffeetasse gießen. Eine Tasse Café Cubano dazugeben.

2 Zucker, Nelken und Rum dazugeben. Gut umrühren und servieren.

Bellomonte

Daiquiri

1 Glas

2 EL frisch gepresster Limettensaft
2 EL Zuckersirup oder 50 g Zucker
50 ml weißer Havana Club Rum oder ein anderer weißer Rum guter Qualität
Eiswürfel

Alle Zutaten in einem Shaker verrühren. Kräftig schütteln und in ein gekühltes Cocktailglas abseihen.

Bellomonte

1 Glas

1 Glas Daiquiri
1 EL Grenadine Sirup
1 EL dunkle Crème de Cacao
1 Scheibe Limette
1 Maraschino-Kirsche
1 Zweig Yerba Buena oder eine andere frische Minze zum Garnieren
1 TL Crème de Menthe

1 Einen Daiquiri zubereiten und beiseite stellen.
2 Grenadine, Crème de Cacao und Limettenscheibe in Schichten in ein Highball Glas geben. Daiquiri drübergießen. Mit Maraschino-Kirsche und Minzeblättern garnieren. Mit Crème de Menthe abrunden.

Mojito

1 Glas

2 EL frisch gepresster Limettensaft
6 bis 8 Blätter frische Yerba Buena oder eine andere frische Minze
1 EL Zuckersirup oder 50 g brauner Rohrzucker
50 ml weißer Havana Club Rum oder ein anderer weißer Rum guter Qualität
Eiswürfel
2 EL Limonade
Brauner Havana Club Rum oder ein anderer brauner Rum guter Qualität
1 Zweig Yerba Buena oder eine andere frische Minze zum Garnieren

1 Limettensaft, Minzeblätter und Zucker in einem Glas verrühren. Die Mischung mit einem Stößel zermalmen.

2 Den weißen Rum dazugeben und das Glas mit Eis füllen.

3 Limonade hinzufügen, kurz umrühren und mit braunem Rum abrunden.

4 Mit einem Zweig Yerba Buena garnieren und mit einem Strohhalm servieren.

Cuba libre

1 Glas

Eiswürfel
50 ml weißer Havana Club Rum oder ein anderer weißer Rum guter Qualität
¼ Limette
Cola

1 Eiswürfel in ein Glas geben. Den Rum zufügen.

2 Den Saft aus der Limette pressen und in das Glas tropfen lassen. Mit Cola auffüllen und umrühren.

Banana daiquiri

1 Glas

2 EL frisch gepresster Limettensaft
2 EL Bananensirup
2 EL weißer Havana Club Rum oder ein anderer weißer Rum guter Qualität
3 cl brauner Havana Club Rum oder ein anderer dunkler Rum guter Qualität
¼ reife Banane

Alle Zutaten in einem Mixer auf höchster Stufe gut vermischen. In ein gekühltes Cocktailglas gießen und mit einem kurzen, dicken Strohhalm servieren.

Cuba libre

Ron Collins

1 Glas

2 EL frisch gepresster Limettensaft
3 EL Zucker
2 EL weißer Rum
Eiswürfel
Sodawasser
1 Limettenscheibe zum Garnieren
2 Maraschino-Kirschen zum Garnieren

1 Limettensaft, Zucker und Rum in ein mit Eis gefülltes Collins-Glas geben. Sodawasser darüber gießen und kurz umrühren.

2 Mit der Limettenscheibe und zwei Maraschino-Kirschen garnieren. Mit einem Strohhalm servieren.

Varadero

1 Glas

¾ EL Limettensaft
2 EL Raffinadezucker
1 Spritzer Magenbitter
50 ml dunkler Havana Club Rum oder ein anderer dunkler Rum guter Qualität
Eiswürfel
1 Zweig Yerba Buena oder eine andere frische Minze zum Garnieren

Alle Zutaten in ein Glas im Retro-Stil geben, mit Eis auffüllen und umrühren. Mit einem Zweig Minze garnieren.

Nacional

1 Glas

2 EL Ananassaft
2 EL Aprikosen-Brandwein
50 ml brauner Havana Club Rum oder ein anderer brauner Rum guter Qualität
1 bis 2 Spritzer frisch gepresster Limettensaft
Eiswürfel

Alle Zutaten in einem Cocktail-Shaker mixen und in ein gekühltes Glas abseihen.

Mulata

Arenas blancas

1 Glas

50 ml weißer Havana Club Rum oder ein anderer weißer Rum guter Qualität
1 EL frisch gepresster Limettensaft
1 EL Bananenlikör
1 EL Crème de Cacao
1 EL Ananassaft
Eiswürfel
Orangenscheibe zum Garnieren

Alle Zutaten außer der Orangenscheibe in einem mit Eis gefüllten Cocktail-Shaker schütteln. In ein Cocktailglas gießen und mit der Orangenscheibe garnieren.

Mulata

1 Glas

2 EL frisch gepresster Limettensaft
1 EL Zuckersirup oder 25 g Raffinadezucker
2 EL dunkle Crème de Cacao
50 ml brauner Havana Club Rum oder ein anderer brauner Rum guter Qualität
2 EL Maraschino-Likör
Crush-Eis
1 Limettenscheibe zum Garnieren

Alle Zutaten in einem Mixer gut vermischen und in ein gekühltes Cocktailglas gießen. Mit einem dicken Strohhalm und der Limettenscheibe garniert servieren.

Cuban sidecar

1 Glas

2 EL frisch gepresster Limettensaft
2 EL Triple Sec
2 EL weißer Havana Club Rum oder ein anderer weißer Rum guter Qualität
Eiswürfel

Alle Zutaten in einem Shaker schütteln. Den Rand eines gekühlten Cocktailglases in Zucker tauchen. Drink ins Cocktailglas abseihen.

Floridita especial

1 Glas

2 EL roter Curaçao
2 EL Maraschino-Likör
1 EL Ananassaft
2 EL brauner Rum
crushed Eis

Alle Zutaten in einem Shaker schütteln und in eine gekühlte Sektflöte gießen.

Cuban sidecar

Saoco

Saoco

1 Glas

50 ml weißer Rum
6 EL süße Kokosnussmilch
Eiswürfel

Rum und Kokosmilch über das Eis in ein Becherglas gießen. Umrühren und mit Strohhalm servieren.

Habanero especial

1 Glas

50 ml Ananassaft
2 EL Zuckersirup
2 EL Maraschino-Likör
50 ml weißer Rum
Eiswürfel
1 Maraschino-Kirsche zum Garnieren

Alle Zutaten außer der Kirsche in einem Shaker schütteln und in ein gekühltes Cocktailglas abseihen. Maraschino-Kirsche auf einen Spieß stecken und diesen quer über den Glasrand legen.

Papa Hemingway

Cubano especial

1 Glas

1 EL frisch gepresster Limettensaft
2 EL Ananassaft
1 EL Triple Sec
1 EL weißer Havana Club Rum oder ein anderer weißer Rum guter Qualität
Eiswürfel

Alle Zutaten in einem Shaker kräftig schütteln und in ein gekühltes Cocktailglas abseihen.

Papa Hemingway

1 Glas

1 EL frisch gepresster Limettensaft
2 EL frisch gepresster Grapefruitsaft
1 EL Maraschino-Likör
6 EL weißer Havana Club Rum oder ein anderer weißer Rum guter Qualität
crushed Eis

Alle Zutaten in einem Mixer gut vermischen und in ein gekühltes Becherglas gießen. Mit einem dicken Strohhalm servieren.

Presidente

Isla de pinos

1 Glas

50 ml Grapefruitsaft
25 g Rohrzucker
2 EL Grenadine Sirup
50 ml weißer Rum
Eiswürfel
½ Scheibe Grapefruit zum Garnieren

1 Alle Zutaten in einem Mixer vermischen und in ein gekühltes Cocktailglas gießen.

2 Die Grapefruitscheibe auf den Glasrand stecken und mit dickem Strohhalm servieren.

Presidente

1 Glas

150 ml weißer Havana Club Rum oder ein anderer weißer Rum guter Qualität
1 EL Vermouth extra dry
2 TL Triple Sec
Eiswürfel
1 Orangen-Spalte
2 Maraschino-Kirschen, ohne Stängel, zum Garnieren

Alle Zutaten in einem Shaker verrühren und in ein gekühltes Cocktailglas abseihen. Den Saft aus der Orangenspalte pressen, in das Glas tropfen lassen und mit zwei Maraschino-Kirschen garnieren.

Register

